현 스승 산트 발지트 싱 1962년~

산트 타카르 싱 1929년~2005년

산트 키르팔 싱 1894년~1974년

산트 발지트 싱의 첫 공식 소개 (2005.2.6)

죽음의 신비

죽음의 신비

초판 펴낸 날 | 2015년 6월 15일

지은이 | 산트 키르팔 싱
옮긴이 | (사)한국KTS명상회
펴낸이 | (사)한국KTS명상회
펴낸곳 | 한국에디션나암
출판등록 | 2013년 2월 6일 제 542-2013-1호
주소 | 경상남도 고성군 마암면 성전 1길 114-63
전화 | 055)672-1528
팩스 | 055)672-9928
이메일 | naam@santmat.or.kr
국내 홈페이지 | www.santmat.or.kr
국제 홈페이지 | www.knowthyself.org

ⓒ 2015. (사)한국KTS명상회

ISBN 979-11-954194-1-8   03150

(사)한국KTS명상회는 산트 발지트 싱의 영적 단체로서 자비와 박애주의, 그리고 인류에 대한 봉사정신을 실천하며 모든 영혼이 성스런 내면의 빛과 소리에 대한 명상을 통해 깨달음의 과정을 시작할 수 있도록 돕고 있습니다.

죽음의 신비

산트 키르팔 싱 지음 · (사)한국 KTS 명상회 옮김

나암

산트 키르팔 싱

Sant Kirpal Singh

1894년 2월 6일 ~ 1974년 8월 21일

세상에 온 모든 스승들을 통해 사역해 오신 전능하신 신께,

그리고 저자에게 성스러운 나암(Naam)의 감로수를 듬뿍 부어주신

바바 사완 싱 지 마하라즈의 연꽃 같은 발 앞에

이 책을 바칩니다.

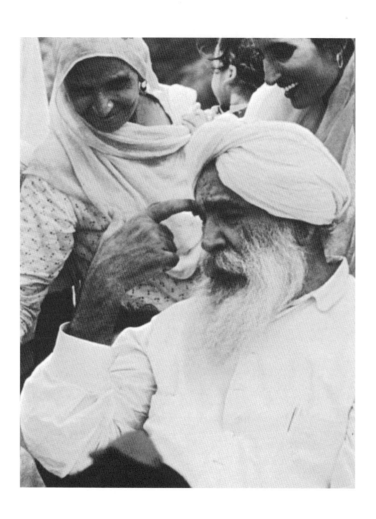

차 례

부록

'죽음'은 삶의 가장 큰 수수께끼이다. 인류는 아득한 옛날부터 죽음을 밝히려고 노력해왔다. 그러나 그 신비를 풀기 위한 모든 시도에도 불구하고 죽음은 여전히 신비로 남아 있다.

산트 사트구루, 즉 완전한 스승이라고 불리는 지고의 성인들은 죽음이 없는 영역에서 내려오며 무한의 실재와 하나가 되었기에 그림자와 같은 죽음의 특성을 알고 있다. 그들은 죽음이란 보이는 것과는 다르다고 가르친다. 죽음이란 즐거운 탄생(다시 태어남)으로서 이곳에서는 꿈조차 꿀 수 없는 복된 삶으로의 탄생이라고 말한다. 이는 마치 태양이 한쪽에서는 지고 다른 한쪽에서는 떠오르는 것과 같다. 그 성인들은 정복할 수 없고 끔찍하게만 보이는 죽음을 정복하여 마침내 죽음의 공포에서 자유로워지는 방법을 알려주고 직접 보여준다. 이것이 우리가 성인에게 배울 수 있는 위대한 가르침이다. 그들은 우리가 죽지 않고 그저 물질적인 겉옷을 벗을 뿐이며, 다른 육신, 아스트랄체, 원인체로 활동하다가 마침내는 위로 올라가서 신성을 깨달아 절대 의식이자 환희인 신과 우리가 하나임을 알게 된다고 확언한다.

앞으로 이어질 장들에서는 얽히고 설킨 수수께끼에 대한 해답을 명료하고 명백한 글로 표현함으로써 독자들이 쉽게 이해할 수 있도록 했다. 본 연구에서는 육신과 영혼, 그리고 이 둘의 관계에 대한 심오하면서도 비전秘傳적인 원칙들을 다소 간략화하여 제시했다. 또한 마음을 통제할 수 있는 방법도 제시함으로써 마음이 육체 의식을 초월하는 데 자발적이고도 순종적인 도구로 활용되도록 하였다. 육체 의식을 초월하는 일은 결국 우리 모두가 맞이해야 하는 죽음을 미리 맛보는 것이라 할 수 있다.

완전한 스승의 영광은 그가 지성의 차원에서 가르칠 뿐만 아니라 그 가르침을 직접적으로, 즉시 경험할 수 있도록 해준다는 데 있다. 스승들이 가르치는 과학은 오직 하나뿐인 영혼의 과학이며, 이것은 마음이라는 실험실에서 검증해 볼 수 있다. 이 과학을 통해 육신에서 벗어나는 경험을 하게 되며, 그리하여 말로 표현할 수 없는 영광의 영역으로 들어가는 영적 각성의 광대한 전망이 펼쳐지게 되는 것이다. 게다가 이 모든 것이 육신으로서 살아 있는 동안에 이루어질 수 있다. 진정한 구원이란 바로 지금, 그리고 이곳에서 얻을 수 있는 것이어야 한다.

신과 신의 권능으로 가는 길은 신실한 구도자에게는 항상 열려 있으나 이 길에서의 성공은 신인神人,Godman을 통해 전해지는 신의 은총에 따라 좌우된다. 신을 향한 사랑으로 불타는 사람은 반드시 신에게 이르는 방법을 발견할 수 있다. 다만 그 갈망이 얼마나 강한가가 문제이다. 신을 향한 신실하고 순수한 사랑이 존재하는 곳에 신은 성인의 몸을 입고 나타나서 구도

자를 자기 쪽으로 오게 이끌어준다. 신의 빛이 영혼으로서 살아가기를 갈망하는 사람들의 발길을 비춰주는 등불이 되어, 그 빛이 뿜어져 나오는 인간 자극磁極, human pole에게로 인도해 주기를 기원한다.

특히 스리 바드라 세나에게 마음 속 깊이 감사하며, 또한 그와 함께 사랑과 헌신의 정신으로 이 원고에 오랜 시간을 할애했고 여러 방법으로 이 책이 나오도록 힘써준 헌신적인 다른 영혼들에게도 감사한다.

1968년 8월 25일, 키르팔 싱

'삶'과 '죽음'이라는 말은 서로 연관되어 있다. 상대성의 세계에서는 하나를 다른 것과 비교하지 않고서는 생각하고, 말하고, 행동할 수 없다. 이것이 현상계에서 일어나는 일들을 이해하는 방법이다. 우리는 다양성 속에서 매 순간마다 복잡한 퍼즐에 직면하게 되며, 따라서 각각의 경우마다 그 구성 요소들을 분류하고, 그 각각에 이름을 부여하여 다른 것들과 연관지어 생각하는 분석과정을 거쳐야만 감각과 지성의 차원에서 그와 관련된 무엇인가를 이해할 수 있게 된다. 결국 사물 자체의 본질과 자연이 인간에게 부여한 인식 능력의 본질이 그러하므로, 우리는 부분적인 지식만을 갖고 살아갈 뿐 모든 진상에 대해서는 결코 알 수가 없다. 우리에게는 실체에 대한 지식과 경험이 없기에 우리는 늘 사물의 형태와 색에 만족하고 있다. 표면적인 속성과 특성들은 보지만, 그것을 깊이 뚫고 들어가서 우리가 보고 인지하는 것의 질량, 밀도, 부피, 무게, 형태와 무관하게 만물의 내면에 똑같이 존재하는 생명의 중심 원리에 이르지는 못하는 것이다. 마치 샬롯의 아가씨*처럼 (마음과 지성의) 거울에 반사되는 그림자의 세계에서 자신을 둘러싼 객관적인 세계에마저 등을 돌린 채 살아가고 있으니, 하물며 각각의 내면에 깃든 주관적 세계, 물질계의 그 어떤 것과 비교해 보아도 크고 방대하고 훌륭하며 영광스러운 진리의 세계의 경우에는 어떻겠는가.

생물과 무생물의 배후에서 만사를 통제하고 유지하는 힘, 곧

• 샬롯의 아가씨(the Lady of Shallot): 저주의 예언 때문에 태어날 때부터 높은 첨탑에 갇혀 수정구슬을 통해서만 밖을 보며 살아야 했던 전설 속의 아가씨로 훗날 구슬에 비친 기사를 연모하여 창 밖을 내다본 죄로 죽음을 맞았다고 한다. -역주

신성이 인간 안에 처음으로 빛나면서부터 인간은 우주의 생명이자 영혼인 어떤 원리를 의식하게 되었다. 이는 점차 각 창시자의 통찰력에 바탕을 둔 다양한 종교의 창시로 이어졌다. 각 종교는 물질적, 정신적, 윤리적, 사회적, 그리고 경제적 향상을 위해 때때로 이곳에 내려왔던 사도와 구세주와 예언자들의 가르침을 대중들이 받아들이고 소화하고 그에 동화될 만한 능력의 수준과, 시대와 사람들이 느끼는 필요성, 그리고 인종 간의 이해 수준에 맞춰져 왔다.

모든 종교는 최선의 동기에서 발생한다. 종교 사상의 지도자들은 그 시대의 산물이며, 이는 대중들의 향상을 위해서 만들어내는 그들의 가르침도 마찬가지이다. 상황이 이러할진대, 깨달은 교사들의 위대한 가르침들이란 대다수의 사람들에게 끊임없이 생겨나는 불안과, 한 사람에 대한 만인의 전쟁이든 만인에 대한 한 사람의 전쟁이든 전쟁의 공포 속에 사는 것이 아니라 서로 평화롭게 살아가게 하기 위해 형성된 사회종교, 사회 규범과 윤리적 가르침들이라고 해도 무리가 아니리라.

선하고 고결한 모든 사상은 다른 사상들과 마찬가지로 마음에서 파생된다. 세계적인 교사들의 사상은 그가 살던 시대의 정신에 기원을 두고 있다. 그러나 그들의 수준으로 올라가 그들의 본질적인 가르침, 즉 가르침의 핵심이 되는 신비스러운 각 종교의 실질적인 측면에서 혜택을 받는 사람은 극히 드물다. 그 실질적 핵심은 선택된 소수에게만 전해졌고, 대중들에게는 비유의 형태로 이론적인 가르침을 전수해 줌으로써 언젠가는 실제 가르침의 진정한 의미를 이해할 수 있도록 했다. 그러므로 모든 종교의 근본을 살펴보면 진실에 대한 일견을 얻을 수 있다. 이것이 희미하고 모호하게 보이는 것은 우리가 그 창시자가 가지고 있던 눈을 계발하지 못했기 때문이다. 대개의 경우 보통 사람에게 종교는 하나의 이론, 기껏해야 합리화된 이론으로 남아 개인적으로 더 나은 삶을 영위하고, 더 나은 사람이 되고, 자신이 속해 있는 사회에서 더 나은 구성원이 되며, 시민으로서의 권리와 의무, 또한 사회적, 가정적 책임감을 지닌 진정한 시민이 되어 자신이 지금까지 얻어온 것들을 건전하게 환원하도록 하는 역할을 해왔을 뿐이다.

모든 미덕, 모든 행위, 모든 예술, 모든 학문, 그리고 정치의 기술과 설교의 기술, 낚시의 기술까지도 포함한 모든 기술은 정도의 차이는 있지만 창시자가 인식했던 근본적인 보편적 진리를 최소공배수로 삼고 있다. 그리하여 인류 대다수에게 선보일 만하고 그들이 받아들일 만하도록 사회적, 도덕적 장식들이 혼합된 종교가 나타나게 된 것이다. 종교의 이러한 일면은 사회가 질서 있게 유지될 수 있는 굳건한 기반을 제공해 준다.

한발 더 나아가면 종교의 또 다른 층이 등장한다. 이것은 도덕적 덕목의 측면으로서 각기 다양한 차원에서 의례와 의식, 격식과 예식서, 고행과 참회, 자애로움과 자선, 타협할 수 없는 힘을 길들이고 융화시키기 위한 주문呪文, 필요할 때 친근한 힘에게 도움과 원조를 요청하는 기도의 형태로 나타난다.

마지막으로 또 중요한 것이 요기들과 요기슈와라들로서 이들은 우리가 현재 알고 있는 바와 같이 요가 수행에 매우 능통한 사람들이다.

위계의 정점에 있는 스승으로 온 성인Master-saints, 곧 완전해진 존재 또는 신인들은 신의 권능과 성령에 대해 언급할 뿐만 아니라, 이를 입문자들에게 드러내 보여주고 의식이 깨어 있는 상태에서 각 영혼과 이를 연결시켜 준다. 그들의 가르침이야말로 어원상으로나 실제적으로 진정한 종교요, 진정 종교적이라고 해야 마땅한 까닭은 그들이 인간을 창조자와 다시 연결시켜 주기 때문이다.

스승들의 가르침은 보편적으로 인식되어 왔듯이 제도화된 종교를 만들어내지는 않는다. 그것은 분명한 과학의 일종으로서 영혼의 과학이다. 누구든지 스승들이 가르쳐준 대로 이 과학을 충실히 공부하면 자신이 속해 있는 사회적 종교와 종파에 관계 없이, 교리 중심이든 실천 중심이든, 가톨릭이든 성공회든, 감리교이든 장로교이든 무관하게 같은 결론에 도달하며 똑같은 체험을 하게 된다.

영혼의 과학은 모든 종교의 알맹이요, 핵심이다. 그것은 모든 종교가 의지하는 기반이 된다. 스승들은 일곱 개의 차원이 있다고 가르친다. 그것은 핀드Pind, 운드Und, 브라만드Brahmand,

파르 브라암Par Brahm, 사츠 칸드Sach Khand, 알라크Alakh, 아감 Agam이다. 그리고 모든 차원 위에 여덟 번째 차원이 있는데 어떤 성인들은 이를 아나미Anami (이름 없음), 어떤 이들은 이를 마하 다얄Maha Dayal(자비의 주), 또 어떤 이들은 니랄라Nirala(가장 훌륭한 존재) 또는 스와미Swami(만물의 주)라고 했다. 스승에게 입문한 사람들은 처음 다섯 차원의 독특한 특징과, 그 각각에 존재하는 빛과 소리의 특성, 그리고 그곳을 지배하는 힘의 이름에 대해 간략히 배우게 된다. 첫 번째 차원을 성공적으로 통과하는 입문자는 사닥sadhak(사도)이라고 불린다. 그리고 두 번째 차원을 통과하는 사람은 사드Sadh(단련된 영혼)라고 한다. 파르 브라암에서 미련과 갈망을 씻어낸 사람은 한사Hansa(정화된 영혼)라 하며, 더 높이 올라가는 사람을 파람-한사Param-Hansa(순결한 영혼)이라고 한다. 다섯 번째 차원(사츠 칸드)에 도달하는 사람을 산트Sant 또는 성인이라고 한다. 그리고 진리를 가르치고(쉬크샤Shiksha) 이를 체험시켜 줄(디크샤Diksha) 사명을 지고의 신에게서 위임받은 성인을 산트 사트구루(완전한 스승)라고 하는데, 이들은 인간의 영혼인 지바jiva를 초월계로 인도하여 궁극의 고향인 신의 왕국으로 돌아가게 해줄 권한을 가지고 있다.

요가란 영혼과 '초월적 영혼大靈, oversoul, 즉 신의 권능'과 하나됨을 의미한다. 만트라 요가Mantra yoga, 하타 요가Hatha yoga, 아쉬탕가 요가Ashtang yoga, 카르마 요가Karam yoga, 박티 요가 Bhakti yoga, 즈나나 요가Jnana yoga, 라자 요가Raja yoga, 라야 요 가Laya yoga 등 요가의 형태는 수없이 많다. 이러한 요가 수행들은 서로 다소의 차이는 있지만 육체와 외부 감각 기관들과 마음과 지성을 단련하는 과정이라 할 수 있다. 이 요가들의 목적은 건강한 육체에 건전한 마음을 얻음으로써 육체적으로 건강해지고 장수하는 것이다. 각각에는 나름의 범위와 목표가 있다. 그러나 이 모든 요가들이 완전한 체계를 이루지는 못하지만, 모두가 인간을 완전한, 즉 분리되지 않은 개인으로 통합하려고 노력한다. (이에 대한 자세한 내용에 대해서는 ≪최상의 삶 The Crown Of Life≫을 참조하기 바란다.)

이 외에 또 한 가지 요가의 형태가 남아 있는데, 바로 수랏 샤브드 요가Surat Shabd Yoga, 즉 성스러운 말씀인 내면의 소리와의 합일이다. 이것은 모든 종교의 뿌리이지만 신학자들은 이를 제대로 이해하지 못하고 있다. 이 요가는 우리를 궁극적인 목표인 아나미, 즉 이름 없는 절대실재에게 데려다 준다. 이름 없는 절대실재는 모든 창조의 배후에 존재하는, 원인 없는 동인動因이자 질료인質料因•이다. 순수 의식의 대양이 물결을 일으키자 무형무명無形無名의 절대실재가 그 고유한 진동의 힘으로 다양한 형태와 이름으로 현현되었는데, 이때 발생한 소리를 성스러운 말씀이라고 부르게 되었다. 성령과 신의 권능, 곧 근원적 창조의 원리(생명의 빛)에 직접적으로 접하는 방법이 무엇인가 하는 것이 신비주의의 주제이다. 모든 철학에서는 현현되지 않은 신의 현현된 모습과 창조되지 않은 신의 창조물을 다루지만, 이와 반대로 신비주의는 첫 번째 창조의 원리 자체, 즉 소리와 빛(스루티Sruti 와 즈요티 Jyoti)으로 나타나는 진동하는 힘에 대해서 다룬다.

• 질료인(質料因, materia): 아리스토텔레스의 형이상학적 원리로 규정된 사물의 변화에 대한 네 가지 원인 중의 하나. 나머지 세 가지는 형상인(形相因: forma), 동력인(動力因: causa efficiens), 목적인(目的因: causa finalis)이다. -역주

말씀과 교제하는 과정은 현현된 신의 권능(나암 또는 성령)에 우리의 의식이 접하는 데서 시작되며, 이때 우리는 높은 차원의 형언할 수 없는 환희를 실제적으로 경험하게 된다. 죽음 이후인 내세에 경험하게 될 것이라는 보증을 받는 것이 아니라 바로 지금 이곳 물질세계에 육신으로 살면서 경험할 수 있는 것이다.

　　이 진동들은 다양한 소리를 만들어내고, 물질과 영이 다양하게 분포되어 있는 내면의 다른 차원들을 입문자가 통과할 수 있도록 안내해 주며, 마침내 영혼이 신의 왕국인 사트 나암, 즉 신성한 화음이 퍼져 나가기 시작하는 순수 영의 세계로 갈 수 있도록 인도해 준다. 신성한 화음은 세상사에 지친 영혼을 사랑하는 아버지가 계시는 진정한 고향인 환희의 천국으로 돌아오도록 인도하는 방편이 된다. 툴시 사히브는 말한다.

　　"멀리서 들려오는 소리가 너희를 신께로 데려가려고 내려오고 있노라."

　　이와 유사한 증거로서 샤마즈 타브레즈*는 스스로에게 다음과 같이 말했다.

"오, 샤마즈여! 너를 부르고 있는 신의 음성을 들으라."

구루 아르잔도 이와 비슷하게 말했다.

"너희를 이 세상으로 보내신 이께서 너희를 다시 부르고 계시니라."
코란에는 이렇게 기록되어 있다.

"오, 너희 영혼들아! 주께로 돌아가서 기뻐하고 그를 기쁘시게 하라."

살아 있는 완전한 스승은 신을 향한 길에서 '필수 요소'이다. 성 요한의 복음서에는 이렇게 기록되어 있다.

• 샤마즈 타브레즈(Shamas Tabrez): 이슬람의 신비가. -역주

"나를 통하지 않고는 누구도 아버지께로 갈 수 없느니라."

– 요한복음 14장 6절

모든 스승들은 세상에는 언제나 한 명의 스승 혹은 무르쉬드Murshid가 있으며, 이들은 퀴블라 누마Qibla Numa, 즉 퀴블라Qibla를 가리키는 바늘로서, 또한 성스러운 자들 가운데 가장 성스러운 자로서 찬양과 숭배를 받기에 합당한 거룩한 성소로서 활동하고 있다고 말한다. 시크 경전에는 이렇게 기록되어 있다.

"스승들은 대대로 계속해서 내려오노라."

성 누가도 다음과 같이 말했다.

"하느님께서 태초로부터 내려온 그의 신성한 예언자들의 입을 통해서 말씀하셨노라."

– 누가복음 1장 70절

자연에는 수요와 공급의 법칙이 언제나 작용하고 있다. 배고픈 자에게는 음식이, 그리고 목마른 자에게는 물이 주어진다. 불이 있는 곳에는 산소가 도움을 주기 위해서 저절로 모여든다. 그러나 각각의 예언자와 메시아는 세상에 내려와 있는 동안 자신의 사명을 수행한다. 예수는 말했다.

"내가 세상에 있는 동안 나는 세상의 빛이라."

- 요한복음 9장 5절

그러나 그는 사명을 마치면 다시 부름을 받아 지상에서의 활동을 끝내고 떠나게 된다. 본질적으로 공백이란 없다. 신의 권능은 계속해서 인류를 진보시킬 수밖에 없다. 그것은 끝나지 않는 책무이기 때문이다. 하나의 인간 자극磁極에서 철수하는 동시에, 앞에서 말한 신의 힘은 또 다른 인간 자극을 선택하여 현현하며 세상에서 계속 활동한다. 그러한 인간 자극은 신의 대리자라고 칭할 수 있을 것이다. 그는 신을 대신해서 공백을 채우면서 계속해서 일을 수행해 나간다. 이는 마치 타버린 전구를 다른 전구로 교체해서 계속 빛이 나도록 하는 것과 같다.

그리스도의 권능, 곧 신의 권능은 한 인간 자극에서 다른 자극으로 움직이면서 쇠함 없이 계속해서 빛난다. 조로아스터, 공자, 예수, 모하메드, 카비르, 나낙, 툴시 사히브, 아니면 소아미지와 같은 사람들의 모습으로 올 수 있는 것이다.

앞에서 언급했듯이 세상에 스승이 없는 경우는 없다. 소아미지 이후에는 바바 자이말 싱 지께서 스승의 사명을 받아 편잡에서 일을 해 나가셨다. 다음으로 그의 빼어난 영혼의 아들이자 후계자인 하주르 사완 싱 지께서 사명을 이어받으셨다. 하주르 사완 싱 지의 은총은 이전보다 더 강하게 계속해서 빛나고 있으며 델리에 본부를 둔 '루하니 사트상'을 통해서 전 세계를 비추고 있다. '루하니 사트상'은 인도와 외국의 종교 수뇌들이 때때로 모여서 인류가 사회적, 종교적 신분이나 국적에 상관없이 신의 자녀로서 형제애를 다지도록 함께 노력하기 위한 공동의 장이다.

성인들이 세상을 떠나면, 그들이 진리를 탐구하는 동안 얻었던 값진 경험들에 관한 이야기들이 수집되어 오늘날에 현존하는 세계의 종교 문헌에 더해진다. 다행히도 20세기인 현재 우리에게는 고대로부터 전해져 내려오는 몇몇 경전들이 남아 있다. ≪젠드 아베스타Zend Avesta≫, ≪베다Vedas≫, ≪우파니샤드 Upanishads≫, ≪마하바라타Mahab-harata≫와 ≪라마야나 Ramayana≫의 대 서사시, ≪바가바드 기타Bhagavad Gita≫, ≪신구약 성경≫, ≪코란≫, ≪아디 그란트Adi Granth≫, 그리고 ≪사르 바챤Sar Bachan≫과 ≪구르마트 시단트Gurmat Sidhant≫와 같은 많은 책들이 그것이다. 이들 모두는 유일하고 완전히 똑같은 진리에 대해 이야기하고 있지만, 진리에 접근하는 방식은 독특한 용어와 표현 방식에 따라 다양하다. 그러나 대다수의 사람들은 한두 명의 현자가 전해 준 가르침만을 고수할 뿐, 거기에 쓰인 핵심어에 내포된 의미와 그 시대에 사용되었던 언어나 방언에 대한 지식이 부족하기 때문에 그들이 말하고자 하는 바를 이해하지 못한다. 저자들이 기록해 놓은 진리를 직접 경험해 본, 깨달은 사람이 우리를 도와 그 의미를 이해할 수 있도록 설명해 주지 않는다면 우리는 그 진정한 의미를 알 수가 없다. 과거의 기록은 바로 그 권한을 지닌 스승에 의해 되살아나서 갈구하는 영혼들에게 영감의 샘이 되는 것이다. 그러므로 다음과 같이 전해진다.

경전은 스승의 손에 놓인 도구요, 인생의 바다를 건너는 데 도움
이 되노라.

그러나 경전의 진정한 의미는 오직 신인이 해석해 줄 때에만 이해
할 수 있노라.

구도자는 입문을 받을 때 의식이 깨어 있는 상태에서 성스러
운 말씀에 연결되는데, 여기서 말씀이란 신이라는 사랑의 바다
깊은 곳에서 일어나는 진동에서 퍼져 나오는 빛과 소리의 형태
로 현현된 신의 권능을 말한다. 구도자는 신의 권능과 성령을
직접 체험하게 되며, 어디에나 존재하기에 공간을 초월하며 어
느 곳이든 멈추지 않고 퍼져 나가는 신의 빛을 보고 천상의 음
악을 듣기 시작한다. 만물에 스며든 나암의 색으로 완전히 물
들어 늘 계속되는 환희를 느끼던 구루 나낙에 관해 다음과 같
은 이야기가 전해지고 있다. 구루 나낙은 여행을 하던 중 아랍
에 있는 메카에 들르게 되었는데, 하루는 그가 성지 '콰바'를
향해 발을 뻗은 채로 누워 있는 것을 다른 사람들이 보게 되었
다. 그곳의 감독관들은 이 명백한 신성 모독 행위에 대하여 참
을 수가 없었다. 그들은 그를 나무라며 말했다.

"어찌해서 당신은 신의 처소로 발을 향한 채 누워 있을 수 있는가?"

구루 나낙은 신의 영이 모든 곳에서 모든 방향으로 흐른다는 것을 알았기에 부드럽게 말했다.

"신이 계시지 않은 곳을 알려준다면 그쪽으로 발을 두리다."

이것이 신에게 중심을 둔 성인들이 사물을 보는 방식이다. 그들은 모든 곳과 모든 방향에서, 만물에 스며들어 만물에서 고동치는 생명 원리로서의 신을 본다. 이와 유사하게 코란에서 예언자 모하메드는 말했다.

"신의 왕국은 동쪽에서 서쪽까지 뻗치며 믿음이 있는 사람은 어떤 방향으로 얼굴을 돌리든 신을 발견할 수 있도다. 신은 분명히 그곳에서 그들을 만날 것이기 때문이다. 이는 신이 특정 공간에 제한받지 않고 모든 것을 알고 각각의 가슴을 알기 때문이로다."

알-니사이라는 이슬람의 다르베쉬•는 이 점에 대해서 깊이

• 다르베쉬(darvesh): 탁발승을 뜻하는 페르시아어. -역주

있게 설명했다.

"나에게는 온 세상이 그저 신의 처소요, 기도하기 위한 성지일 뿐이다. 나를 따르는 자는 그들이 어디에 있든지 기도할 시간에 자유롭게 기도할 수 있노라."

사도행전에는 이렇게 기록되어 있다.

"하느님은 하늘나라와 이 땅을 창조하셨나니, 사람이 손으로 지은 성전에 거하지 아니하시노라."

– 사도행전 17장 24절

그러므로 올리버 웬들 홈즈•는 다른 어떤 것보다 헌신을 강조했다. 사랑이 담긴 헌신은 공간과 시간과 기도의 방식을 성스럽게 해주기 때문이다. 그는 말했다.

• 올리버 웬들 홈즈(Oliver Wendell Holmes): 미국의 생리학자 겸 시인. –역주

"우리가 헌신으로 무릎 꿇는 곳은 어디든 성스럽다."

신의 권능과 성령은 만물에 스며들어 있다. 그것은 항상 존재하며 항상 진동한다. 성스러운 선율에 귀를 기울이면 영혼은 엘리베이터에 올라탄 것처럼 순간적으로 고양되어 보다 더 높은 영역으로 올라가게 된다. 그리고 이 음악이 점점 더 섬세해져서 그것이 흘러나오는 근원에 영혼이 흡수될 때까지 아름다운 음악을 따라서 계속 나아가게 된다. 절대실재, 즉 이름도 없고 말씀조차 없는 곳인 아나미로 나아가는 것이다.

우리 모두는 각자 나름대로 신을 찾고 있다. 영혼은 길고 고된 단련과 정화라는 진화 과정을 거친 후 마침내 신에게 돌아갈 여행을 떠나기 위해 마침내 신의 힘에 이끌려서 스승으로 온, 살아 있는 성인 앞에 오게 되는 것이다.

"나를 보내신 아버지께서 이끌어주시지 아니하면 누구도 나에게 올 수 없으며 오는 그를 마지막 날에 내가 살리리라."

- 요한복음 5장 44절

여기서 '마지막 날'이란 육신의 거죽을 벗는 시기를 의미하는
데, 이것은 실질적인 자기 분석 과정에 따라 육체 의식을 넘어
섬으로써 살아 있는 동안 자발적으로 이루어지는 경우도 있고,
임종 때 죽음의 천사가 감각의 흐름을 육신에서 빼내는 경우도
있다. 구루 아르잔은 말했다.

"너희를 세상에 보내신 이가 이제 너희를 다시 부르고 있노라. 쉽
고 편안하게 고향으로 돌아가라."

라디오와 레이더가 발명되면서 대기가 공명하는 소리로 가
득 차 있으며 잘 갖춰진 장비를 잘 조절하고 파장을 맞추어 그
소리를 잡을 수만 있다면 어떤 거리에서도 이를 선별하여 들을
수 있음이 확증되었다. 바로 이것이 권한이 있는 스승이 제자
를 입문시킬 때 하는 일이며, 이때 스승은 각 영혼의 파장을
맞추어 그들이 소리를 들을 수 있도록 해준다.

바깥 세상의 음악은 인간에게 큰 영향을 끼친다. 행군하는
병사들은 나팔과 트럼펫으로 연주되는 군가에 고무된다. 격자
무늬 킬트 치마 복장을 한 스코트랜드인들은 백파이프 소리를

들으면서 의기양양하게 행군한다. 선원과 뱃사람들은 가락을 넣어 소리치면서 힘차게 돛을 당기고 노를 젓는다. 소리를 죽여 두드리는 북소리는 슬퍼하는 문상객들을 위해 장례식의 상여 행렬에 연주된다. 춤꾼들은 음악과 팔찌, 발찌의 딸랑거리는 소리에 맞추어 춤을 춘다. 심지어 동물들도 자신의 뿔에 매달린 종에서 울려 나오는 소리를 좋아한다. 날쌘 영양은 북소리로 유혹하면 자기 몸을 숨기고 있던 덤불에서 나온다. 무시무시한 코브라는 뱀 부리는 사람이 연주하는 비나 소리에 매료된다. 외부의 음악은 영혼을 물질 세계의 끝으로 데려가며 평소에는 눈물이 말라붙고 침잠해 있던 감정을 고조시켜 준다. 이것이 진정한 음악의 힘이다. 17세기 영국의 저명한 시인인 존 드라이든은 음악에 대해 아름답게 표현하여 말했다.

음악이 고조시키고 진정시키지 못할 감정이 무엇이리?
유발*이 조개 껍질로 화음을 맞추었을 때,

─────

• 유발(Jubal): 창세기에 나오는 인물로 천지만물을 창조한 신을 위해 조개껍질로 만든 피리와 북을 연주한 지구 최초의 음악가로 알려져 있다. –역주

듣고 있던 형제들은 멈춰 서서

얼굴을 떨군 채 경이로워하며,

그 천상의 소리를 경배했노라.

그들이 생각하기에 신이 아니고서는

그토록 감미롭고 훌륭하게 말하는 이가

그 껍질 안에 거할 수는 없다 여겼노라.

음악이 고조시키고 진정시키지 못할 감정이 무엇이리?

세속의 음악에 담긴 힘이 이러하다면 천상의 음악에 담긴 힘이 어떠할지는 상상이 될 터이다! 우리가 육체 의식을 초월하기 시작하고 하늘의 화음을 들을 수 있게 된다면 얼마나 기쁘고 유쾌하겠는가! 말씀이란 신의 권능이 표현된 것이다. 신은 솟아나고 넘쳐흐르는 교향곡과 같은 사랑이다. 그는 바로 사랑과 빛과 생명의 근원이다.

절대실재에게로 가는 길에서는 물질계에서부터 아버지의 집에 이르기까지 많은 차원들과 하위 차원들을 통과해 가야 한다. 그 여행에는 위험이 도사리고 있다. 마음의 영역은 그 길에

통달한 안내자 없이는 결코 통과할 수 없다. 그러므로 구루(불꽃을 전달해 주는 사람), 곧 권한을 지닌 스승, 다시 말해서 그 길을 둘러싼 난관과 위험에 대해 잘 알고 있고 그곳을 늘 여행하는 누군가가 반드시 필요한 것이다. 신을 향한 길에 통달한 사람만이 눈을 멀게 하는 빛과 당혹스러운 그림자가 존재하는 위험한 영역, 그리고 사이렌*의 속임수와 미지의 공포에서 영혼을 보호하여 그곳을 안전하게 통과하도록 해줄 수 있다. 그러므로 마울라나 루미*는 우리에게 다음과 같이 강력하게 권고한다.

경험해 본 여행자를 찾으라, 그런 사람이 없다면,
그 길은 알 수 없는 함정과 상상할 수 없는 위험들로 가득하기 때문이라.

● 사이렌(siren): 그리스 신화에 나오는 요괴로 아름다운 노랫소리로 뱃사람들을 유혹하여 배를 좌초시킨다고 한다. -역주
● 마울라나 루미(Maulana Rumi): 페르시아의 신비가이자 시인. -역주

그러나 우리는 세상에 깊이 매료되어 있다. 카비르는 세상이라는 무서운 바다에 빠져버린 무기력한 인간에 대해 생생하게 묘사했다. 그는 진정한 행복에 이르는 길은 길고 지루한데 우리는 감각의 세계에서 코를 골면서 깊은 잠에 빠져 있다고 했다. 그는 깨어나 힘겨운 오르막 여행을 시작하라고 우리에게 요청한다. 우리 모두는 이 땅에서 삶이라는 강철 같은 촉수에 사로잡혀 머릿속에 잘못된 생각들을 가득 채운 채로 살아가고 있다. 소위 친구와 친척이라는 사람들은 대부분 채권자와 채무자로서 우리를 교묘한 방법으로 무자비하게 잡아당긴다. 놀랍게도 우리는 그들이 우리를 쥐어 짜내고 있다는 것을 거의 알아차리지 못한 채로 그들을 사랑스럽게 붙잡고서 안아준다. 우리가 자기 소유라 여기는 것은 단지 신기루에 불과하며 대부분의 경우 눈 깜짝할 사이에 사라져 버린다. 게다가 가련한 영혼은 죽은 뒤에 신의 심판대(신성을 집행하는 힘인 다람 라즈)에 혼자서 외로이 걸어가야 한다. 우리는 육신이라는 낡은 배에 오른 채로 마치 험난한 강물 속의 수초처럼 어지러이 떠다니면서 끊임없이 돌풍과 험한 물결의 희생물이 되고 있다. 이렇다면 어떻게 해야 우리가 건너편 기슭으로 갈 수 있을까? 우리는 작은 것을 얻으려고 지는 게임을 끊임없이 계속하고 있고, 결국은 쫓기는 사냥감처럼 죽게 되며, 그런 뒤에는 어디로 가는지조차 모르고 있다. 우리는 무덤 이후의 삶에 대해서 알지 못한다. 어떻게 우리가 구원받을 수 있겠는가? 이는 우리의 이해력을 넘어서는 일이며 우리는 당혹스러움과 무기력함을 느끼게 된다.

스승은 이곳에서, 그리고 이 곳 너머의 세상에서 우리와 항상 동행하리라고 약속한다. 그는 자신의 빛나는 형상을 입문자 각각의 내면에 나타내 보임으로써 입문자에게 그 말을 증명해 준다. 그리고 명확한 말로 우리에게 확신을 준다.

"내가 있는 곳에 너희도 머물리라."

입문자는 내면의 하늘나라에 가 닿는 비전의 방법을 배우게 된다.

내면의 여행은 유일한 눈Single Eye, 곧 '쉬브 네트라shiv netra'가 열림으로써 시작된다. 그 눈은 감각의 흐름이 눈 아래의 몸에서 차단되고 영혼의 자리인 양 미간의 가운데에서 안쪽으로 들어간 지점에 모일 때 열린다. 그 안에 들어가면 입문자는 내면의 스승과 이야기할 수 있으며 내면의 차원에서 체험한 것 모두를 기억 속에 간직한 채 돌아온다. 하늘나라에는 끝없는 인과의 사슬도, 시공도 존재하지 않는다. 오로지 자신만의 세계에서 살아가는, 계속되는 현재만이 있을 뿐이다. 영혼과 영혼은 사념과 즉, 진동을 통해 교류한다.

매일 계속해서 사랑을 품은 채 영혼의 수행에 헌신함으로써 이 모든 것을, 아니 그 이상을 성취할 수 있다. 이렇게 해서 입문자는 더 높은 영역에서 의식이 깨어 있는 상태로 스승과 만나게 되며 점차로 그에게 흡수되어 마침내는 그와 하나가 된다. 그리고 바울처럼 말하기 시작한다.

나는 그리스도 안에서 십자가에 못 박혔으나 살았으니 내가 아니요, 내 안에 계신 그리스도시라.
또한 내가 육신으로 사는 삶은 하느님의 아들에 대한 믿음으로 사는 것이니 그는 나를 사랑하셨노라.

스승은 '말씀이 육신이 된 존재'이며 언제나 내면의 성스러운 말씀과 직접, 그리고 항상 교감하고 있다. 아니, 사실 스승은 그 안에 빠져 있으며 종종 이렇게 선언한다.

"나와 내 아버지는 하나이다."

아니면 ≪구르바니≫에 나오는 것처럼,

"나와 아버지는 같은 색으로 물들어 있노라."

또는

"나와 아버지는 서로 짝을 이루어 일하고 있노라." (함께 세상을 영적으로 경영하기 위해서.)

요약하자면, 스승은 신과 함께 신의 뜻을 행하는 깨어 있는 협력자라고 할 수 있다.

때로 스승은 현혹될 만큼 아름다운 영역들을 넘어갈 때 입문자에게 '덮개를 씌워' 입문자가 그곳에 구속당하거나 놀라운 광경을 보고 길을 잃지 않도록 해준다. 그러므로 마울라나 루미는 말했다.

너희가 만일 이 너머의 세계로 순례를 떠나려 한다면
순례자와 함께 동행할지니

힌두 사람이든, 터키 사람이든, 아랍 사람이든 상관없으나
그가 진정한 순례자인지 살펴라.

살아 있는 스승이 바로 그러한 순례자이다.

"날아오르나 결코 떠돌지 않는 지혜로운 이.
고향 하늘나라까지 데려갈 이."

살아 있는 스승이 있다는 것은 커다란 축복이다. 그는 세상 끝나는 순간까지도 입문자를 떠나거나 저버리지 않는다. 제자가 입문을 받을 때 스승은 아스트랄체인 빛나는 몸 상태로 제자의 내면에 거하며, 제자가 여행의 목적지인 사트 나암, 곧 사트 푸루쉬에게 도착할 때까지 항상 동행해 준다. 그는 사트 나암과 하나가 되고 입문자의 영혼을 자기와 하나로 만들어, 둘은 신 안에서 하나가 되게 한다. 스승은 입문자가 길을 잃거나 좋지 않은 길로 갈지라도 어느 때이든 이번 생이나 다음 생에 그를 올바른 길로 인도한다.

다시 말하지만 그리스도 또는 다른 스승들은 시간이 지나면 지상 세계를 떠나야 하지만 시공을 초월하여 내면의 샤브드• 형체로 살아 있다. 우리는 과거의 스승들 중 한두 사람에게 묶여 있기 때문에 자연스레 그들을 위해서 살고 죽기를 바란다. 그러나 어떻게 해야 내면에서 그들을 만날 수 있는지에 대해서는 거의 알지 못한다. 그러한 만남은 우리를 말씀에 연결시켜

• 샤브드(Shabd): 소리 흐름(音流). -역주

줄 능력을 지닌, 아니 지나간 모든 스승들의 영원한 거처인 말씀으로 우리를 변화시켜 줄 능력을 지닌, 말씀이 육신이 된 스승을 발견하기만 하면 충분히 이루어질 수 있다.

1955년에 미국에서 만났던 한 여성이 생각난다. 그 여성은 내면에서 그리스도를 만나곤 했고 그래서 스스로 만족하고 있었기에 영혼의 길에서 발전하기 위한 노력을 더 이상 하지 않았다. 하루는 필자가 무심코 그녀에게 내면의 발전을 위해서 어떤 처방을 내려주시겠느냐고 그리스도에게 물어보라고 제안했다. 그 여성은 다음날 찾아와서 입문을 받게 해 달라고 부드럽게 요청하면서, 그리스도가 성장하고 싶다면 살아 있는 완전한 스승의 도움을 구하라고 가르쳐주었다고 말했다.

내면의 긍정적인 힘은 신을 발견하고자 하는 구도자를 결코 가로막지 않는다. 그리고 만일 누군가가 과거의 스승과 연결되어 있다면, 그 스승은 영혼의 길을 갈 때 다음에는 어떤 단계를 밟아야 하는지를 아무 주저함 없이 기쁘게 말해준다.

입문자들 가운데 몇몇 사람은 스승에 의해 다섯 번째 차원 (사츠 칸드)의 영광을 보게 되며, 대부분의 입문자들은 그 차원까지 인도받는다. 그러나 앞서 언급했듯이 전체적으로는 여덟 개의 차원이 있으며 여덟 번째가 궁극의 목표로서 궁극의 완전함을 얻은 사람들이 도달하는 곳이다.

사트 로크Sat Lok를 초월한 다음에야
비로소 형언할 수 없고 이해할 수 없는 존재를 알게 되나니
이 모두를 초월한 곳에 성인들이 거하며
미천한 나낙도 거기에 거하고 있노라.

성 요한은 계시록에서 자기 내면의 체험에 대해 다음과 같이 말해주었다.

주의 날에 내가 성령에 거하며
내 뒤에서 나는 나팔 소리 같은 큰 음성을 들으니 가로되
나는 알파요 오메가며 처음이요 나중이라,
몸을 돌이켜 나더러 말한 음성을 알아보려고 하여 돌이켰노라.

그는 마치 인자人子;Son of man와 같고,

그의 눈은 불꽃 같고,

그의 음성은 많은 물소리와 같으며,

그 얼굴은 해가 힘있게 비취는 것 같더라.

내가 볼 때 그 발 앞에 엎드러져 죽은 자같이 되매

그가 오른손을 내게 얹고 가라사대

두려워 말라, 나는 처음이요 나중이니,

귀 있는 자는 성령이 하시는 말씀을 들을지어다.

이기는 그에게는 내가 생명나무의 과실을 주어 먹게 할 것이며

두 번째 사망의 해를 받지 아니하리라.

그에게는 내가 감추었던 만나를 주고 또 흰 돌을 줄 터인데

그 돌 위에 새 이름을 기록한 것이 있나니

받는 자밖에는 그 이름을 알 사람이 없느니라.

또한 그는 흰옷을 입을 것이요

내가 그 이름을 생명책에서 흐리지 아니하고

반드시 내 하느님 성전의 기둥이 되게 하리라.

내가 너에게 권하노니

내게서 불로 연단한 금을 사서 부유하게 하고

흰옷을 사서 입으며 안약을 사서 눈에 발라 보게 하라.

- 요한계시록 1, 2, 3장

고린도 후서 12장에서 성 바울은 자신이 본 것과 계시에 대해서 말하면서 셋째 하늘에 대해 말했다.

"내가 한 사람을 아노니 그는 셋째 하늘(브라만드)에 이끌려간 자라. 그가 육신 안에 있었는지 밖에 있었는지 나는 모르거니와 하느님은 아시느니라. 그가 낙원으로 이끌려 가서 말할 수 없는 말을 들었으니 내가 가히 이르지 못할 말이로다."

- 고린도 후서 12장 2~4절

모든 스승들은 가장 깊은 비밀에 관해서는 갑자기 말을 멈춘다. 샤마즈 타브레즈는 말했다.

"사랑하는 이의 이야기를 하려 하면, 나의 펜은 부서지고 종이는 찢겨지노라."

마울라나 루미 역시 내면의 비밀을 말하는 것을 금했다.

"너희는 조금이라도 너희가 본 것을 말하지 말지라. 그렇지 아니하면 너희가 본 것을 그가 없이하여 없었던 것처럼 하리라."

카비르 역시 힘주어 말했다.

내가 온 힘으로 너희에게 간청하노니
내면의 비밀이 새어나가지 않도록 하라.

마지막으로, 유명한 ≪마스나위Masnavi≫에 나오는 인상적인 구절을 들어보자. 여기서 위대한 루미는 말했다.

내가 너희에게 더 이상 말한다면 적절하지 아니하리니
강둑 안에 바다를 넣을 수는 없기 때문이라.

따라서 옛 스승들은 이러한 방법으로 신성의 비밀스런 교리를 비밀리에 유지하여왔고 자신들이 믿고 시험한 제자들(구루

무크gurmukh)에게만 그 비밀을 전수해주었다.

사실, 그것은 단지 말로 논의할 수 있는 주제가 아니다. 백문이 불여일견이기 때문이다. 이는 내면을 두드리고 의식을 전환해 가는 실질적인 자기 분석 과정이며, 누구든 완전한 스승의 은총으로 내면으로 들어가 깊이 파고들어 가면 가치를 논할 수 없을 만큼 진귀한 진주를 확실히 발견하게 된다. 실재와 만나면 모든 상대성을 초월하여 실재하게 되고, 죽어야 하는 인간은 죽은 물질과 살아 있는 영혼 사이의 고르디오스의 매듭●이 풀리면서 즉시 불멸의 영혼으로 변화한다. 이렇게 하여 '삶'과 '죽음'의 신비가 풀리는데, 이는 삶만이 모든 일시적인 그림자들을 초월하여 유일하게 존재하며, 매 걸음마다 당당히 죽음을 삼키기 때문이다.

────────

● 고르디오스의 매듭(Gordian knot): 고대의 고르디오스왕이 묶었다는 전설의 매듭으로 이것을 푸는 자가 아시아의 지배자가 된다는 예언을 남겼으나 아무도 풀지 못하였고 3백 년 후 알렉산더가 칼로 잘라 매듭을 풀었다고 한다. -역주

앞으로 언급할 내용에서 비밀스러운 원리에 대해 우리가 이해할 수 있는 삼차원의 언어로 표현하도록 하겠지만, 그러한 말들도 형언할 수 없는 실재를 표현하기에는 매우 부적절하다. 신의 권능과 성령이 여러분을 도와 여기에서, 지금 이생에서 영혼의 풍요로움을 전해 줄 수 있는 권한을 지닌 스승 곁에 가서 이 주제에 대해 더 잘 이해할 수 있게 되기를 기원한다. 세상에 넘쳐나는, 소위 스승이라는 사람들이 그토록 진지하고 엄숙하게 약속하고 말하는 것처럼 세상을 떠난 뒤에 진리를 찾게 될지 말지 누가 알겠는가. 이에 대해서 그리스도는 진지하게 경고하여 말했다.

"거짓 선지자들을 삼가라. 겉으로는 양의 옷을 입고 너희에게 나아오나 안은 노략질하는 이리니라."

– 마태복음 7장 15절

"장님이 장님을 인도하면 둘 다 구렁에 빠지는 법이다."

그러므로 권한이 있고 완전한 스승을 철저히 찾고, 진실로 만족을 얻은 뒤 신을 향한 길에서 우리를 실수 없이 인도할 사람으로서, 그리고 틀림없는 친구로서 스승을 받아들이는 것이 가장 중요하다. 거짓 스승에게 이끌려 삶의 유일한 기회를 잃느니보다 이 중대한 탐험에 평생을 바치는 편이 차라리 낫다. 이러한 탐험은 헛되지 않을 것이다. '찾으라, 그리하면 얻을 것이다.'

나는 광물로 죽어서 식물이 되었고,
식물로 죽어서 동물이 되었으며,
동물로 죽어서 인간이 되었노라.
내가 어찌하여 두려워해야 하는가?
사망함으로써 낮아진 적이 있었던가?
허나 한 번 더, 나는 인간으로 죽어서 비상하여
복 받은 천사들과 함께 하리라.
그러나 천사도 지나쳐야 하나니
신이 아니고서는 만물이 소멸하노라.
내 천사의 영혼을 제물로 바쳤을 때,
마음으로는 상상할 수 없는 존재가 되리니.

오! 내가 존재하지 않게 해주오.

존재하지 않는 이가 오르간 소리로 외치나니,

'그에게로 우리는 돌아가리.'

– 마울라나 루미

영을 위해 육을 버리라.
죽는 법을 배우면 살기 시작하리라.

–

토마스 A. 켐피스

1장

본래 죽음이란 없다

은줄이 풀리고 금그릇이 깨어지고

항아리가 샘 곁에서 깨어지고 바퀴가 우물 위에서 깨어지고

흙은 여전히 땅으로 돌아가고

영은 본디 그것을 주신 하느님께로 돌아가노라.

- 전도서 12장 6~7절

죽음과 불멸은 모두 존재하는 모든 것, 즉 물질과 영spirit이 함께 있는 모든 것에 내포되어 있다. 물질이란 그저 영을 표현하기 위한 화면에 불과하다. 모든 것에 두루 스며들어 있는 영은 다양한 밀도와 진동을 지닌 물질을 끌어들여 여러 존재의 차원에서 다양한 형태와 색으로 자신을 드러낸다. 영은 지상에서 자신을 나타낼 물질이 없다면 '공空,void'이다. 마치 꽃이 피고 과일이 열려 향기로운 냄새가 나야만 봄이라는 계절의 힘을 느낄 수 있듯이, 영은 물질이라는 껍질이 없이는 육신의 눈으로 볼 수 없기 때문이다.

인간은 육신과 마음과 영혼soul으로 이루어져 있기에 지상에서 삼위일체 원리의 상징이 되며, 신의 본질인 영혼은 육신과 마음에 생명을 주는 생명의 숨으로서 우리로 하여금 신의 숨결이 머리부터 발끝까지 물결치는, 살아 있는 인간이 되게 해준다.

사람의 몸은 개체화된 물질이며, 똑같은 태양이 수많은 물그릇에 비춰져 반사되듯이 그 안에 담긴 영도 개체화된 영일 것이다. 임종을 할 때 여러 원소로 이루어진 육신은 해체되고 광대한 물질이라는 저수지로 되돌아가 궁극적으로는 근원적 물질로 돌아가며, 영혼은 신에게 되돌아간다.

은줄이 풀리고 금그릇이 깨어지고
항아리가 샘 곁에서 깨어지고 바퀴가 우물 위에서 깨어지고
흙은 여전히 땅으로 돌아가고
영은 본디 그것을 주신 하느님께로 돌아가노라.

- 전도서 12장 6~7절

산 사람은 그 안에 흐르는 지고의 힘에서 독립되거나 동떨어진 존재가 아니다. 사람이란 지고의 힘이 만들어낸 것인데, 지고의 힘은 인간에게 의식 상태를 부여하는 일련의 유기적인 파동을 이용하여 물질 세계에서 작용한다. 인간은 지고의 힘이 그 육신의 형상 안에 흐를 때에는 존재하지만, 그 힘이 근원으로 철수하면 더 이상 살아 있는 존재가 아니다. 모든 기능이 활동을 멈추기 때문이다. 그러고 나면 무엇이 남는가? 모양과 원료에서는 전과 똑같겠지만 그 안에서 고동치던, 살아 있는 생명의 파동이 없는 죽은 물질 덩어리만 남는다.

온 우주는 인간과 마찬가지로 오직 하나뿐인 생명 원리가 자신을 표현한 것이다. 이 생명의 원리는 살아 있는 의식의 원리로서 로고스에서 물질 원소의 원자에 이르기까지 다양하게 나타나며, 끊임없이 율동적으로 움직이면서 그 안팎에서 작용하는 지고의 힘으로써 많은 형태를 연속해서 만들어내고 분해한다. 요약하면, 우주의 지성은 그의 가락에 맞춰 춤추는 원자들 각각의 중심에서 영원히 거하는 것이다. 마치 우주의 어머니인 샥티의 살아 있는 화신인 쉬바의 영원한 춤처럼. 비전적인 우주기원론에서 '죽은' 물질의 이론은 설 땅이 없다. 그 안에 존재하는 응집력 없는 물질 자체만으로는 존재할 수 없기 때문이다. 사실, 물질은 응집된 형태의 에너지이다.

고대 철학에서는 '존재being'와 '실존existence'을 명확하게 분별했다. 로고스, 곧 원형적 세계는 변하지 않는 영원한 참된 존재의 차원이다. 반면에 '실존'은 하나의 표현과 전개, 다시 말하면 만들어져 가는 세계, 매순간 계속되는 변화와 변형의 세계를 향한 움직임이다.

식물학자, 원예가, 화초재배가들과 마찬가지로 생물학자와 의사들은 인간, 아니 사실상 살아 있는 모든 생명체, 즉 나무든, 꽃이든, 열매든 개미나 코끼리이든 신진대사에서 일어나는 기계적, 화학적 과정에 대해 많은 것을 이야기한다. 하지만 그들이 왜 살아가고, 어떻게 살아가고, 무엇을 위해서 살아가고, 생명 자체가 무엇인지에 대해서는, 그리고 무엇보다도 모든 존재의 차원에 있는 생명의 파동을 특징짓는 의식이 무엇인지에 대해서는 말하지 못한다.

우주의 순환은 삶이 영원함을 증명해 준다. 삶이란 끊임없는 과정이다. 삶은 계속되면서 한 형태에서 다른 형태를 띠면서 나타났다가 사라지고 다시 나타나는데, 이는 마치 영원에서 영원으로 굴러가는 시간의 강줄기에 물결과 거품이 이는 것과 같다. 자연이란 생명과 물질이 담긴 하나의 거대한 저수지일 뿐이며, 여기에서는 아무리 모양이 변하고 눈 깜짝할 사이에 주마등처럼 바뀐다고 해도 그 어떤 것도 사라지거나 죽지 않는다. 바로 이러한 변화의 과정을 흔히 죽음이라고 부르지만. 하나의 형태로 한 장소에서 죽음과 동시에 다른 장소나 차원에서 다른 형태로 태어나는 것이다. 눈에 보이지 않는 수증기는 바다에서 죽어 산꼭대기 위에서 눈에 보이는 고체 상태의 눈이 되고, 눈에 보이는 눈은 다시 한 번 역행의 과정, 즉 죽음의 과정을 거쳐 액체 상태인 물로 변화하며, 물은 다시 눈에 보이지 않는 증기 또는 기체가 되면서 원인과 결과의 끝없는 고리를 만들어 간다. 이와 마찬가지로 인간도, 영이 인간의 형상을 입을 때 눈에 보이는 존재가 되며, 시간이 흘러 삶의 무대에서 수많은 역할을 하다가 (동시에 아들, 형제, 남편, 아버지가 되기도 하며 한때는 아기, 그런 뒤에는 젊은이, 마지막에는 노망이 들기까지) 그 안에 있던 영이 철수될 때 마침내 눈에 보이지 않게 되며, 그로 인해 주변 사람들은 그가 지상에서 사는 동안 짜나갔던 인간관계라는 거대한 그물에 뚫린 구멍에 놀라게 된다. 이것이 바로 마지막 변화의 순간에 실제로 생기는 일이며, 이때 육신은 분해되어 우주의 질서로 되돌아가고 생명의 흐름은 거대한 우주의 생명 원리에 녹아든다. 생명 원리는 본질적으로 유기적이며, 무기화학적이거나 기계적이지 않다.

죽음이란 겉으로 보이는 그대로의 것도, 통상적으로 알려져 있는 그런 것도 아니다. 죽음과 삶은 지상에서만 서로 연관되어 있는 용어일 뿐 실제로 그 둘 사이에는 아무런 차이점도 없으며, 사실상 둘을 서로 비교하여 구별할 수도 없다. 왜냐하면 죽음은 삶을 삼킬 수도, 삶을 끝낼 수도 없기 때문이다. 그것은 마치 축을 중심으로 회전하는 동전의 양면처럼 단지 서로 바뀌어 나타날 수 있는 과정일 뿐이다. 우리는 낮과 밤이, 빛과 어둠이 지구가 자전과 공전을 함에 따라 교대로 오고 가며, 이로 인해 다른 장소에 길이가 다른 그림자가 생기지만 태양 자체는 언제나 계속해서 빛나고 있다는 사실을 보고 있지 않은

가? 죽음이란 때때로 우리가 믿고 있는 것과 같은 완전한 소멸 혹은 파멸을 뜻하지 않는다. 죽음이란 단지 의식이 어떤 존재의 차원에서 다른 존재의 차원으로 이동해 가는 변화일 뿐이다. 반면에 삶은 끝없이 이어지는 연속 과정이다. 삶을 뒤따르는, 소위 죽음이라는 것은 생명 없는 상태가 아니라 "심은 대로 거두리라"는 냉혹한 행위의 법칙 위에서 일하는 신성한 심판자의 판단에 따라 지상 또는 다른 곳에서, 다른 형태로, 다른 이름을 가지고, 다른 환경 아래에서 살아감을 의미하기 때문이다. 생명은 지고의 존재의 긍정적인 표현으로서 죽음의 부정적 성향에 종속되지 않으며, 그러므로 죽음은 생명의 영원한 불길을 소멸시킬 수 없다.

끊이지 않고 내려온 스승들은 삶과 죽음이 그저 이중성의 세계에서 사용되는 말일 뿐이며, 중심에 거하는 내면의 존재의 의식 상태가 주변으로 이동하는 표면 현상을 설명하기 위한 것일 뿐이라고 증언했다. 삶과 죽음은 단지 내면의 인간이 거치게 되는, 우주 순환 가운데 눈에 보이는 단계와 보이지 않는 단계를 가리킬 뿐이다. 통탄할 만한, 끔찍스러운, 그리고 매우 두려운 죽음이란 사실 지금까지 알려진 것보다 더 유쾌하고 아름다울 수도 있는 삶으로의 다시 태어남, 바로 내면의 인간이 다시 태어나는 것이다. 카비르는 말했다.

"경외심을 일으키고 가슴이 터질 것 같은 죽음도 나에게는 유쾌한 삶의 예고이니, 나는 진실로 이를 반기노라."

성서의 복음서에서도 죽음의 문 너머에서 우리를 기다리는 신의 왕국에 대해 말했다.

"사람이 거듭나지 아니하면 하느님 나라를 볼 수 없느니라…
사람이 물과 영으로 나지 아니하면 하느님 나라에 들어갈 수 없느니라…
육으로 난 것은 육이요, 영으로 난 것은 영이니…
바람이 임의로 불매 네가 그 소리를 들어도
어디서 오며 어디로 가는지 알지 못하나니
영으로 난 사람은 다 이러하니라."

– 요한복음 3장 3~8절

그러므로 연속되는 죽음, 곧 형상의 분해를 거침에 따라, 고형의 틀에서 자유로워진 영혼은 그 힘과 능력을 새로이 하여 전보다 더 크고 넓은 의식으로 성장하게 된다. 마울라나 루미는 이에 대해서 다음과 같이 말했다.

　　나는 광물로 죽어서 식물이 되었고,

　　식물로 죽어서 동물이 되었으며,

　　동물로 죽어서 인간이 되었노라.

　　내가 어찌하여 두려워해야 하는가?

　　사망함으로써 낮아진 적이 있었던가?

　　허나 한 번 더, 나는 인간으로 죽어서 비상하여

　　복 받은 천사들과 함께 하리라.

　　그러나 천사도 지나쳐야 하나니

　　신이 아니고서는 만물이 소멸하노라.

　　내 천사의 영혼을 제물로 바쳤을 때,

　　마음으로는 상상할 수 없는 존재가 되리니.

　　오! 내가 존재하지 않게 해주오.

　　존재하지 않는 이가 오르간 소리로 외치나니,

'그에게로 우리는 돌아가리.'

– 마울라나 루미

그렇다면 죽음이란 중심에 있는 생명 원리의 변화를 일컫는 말이며, 그 생명 원리를 축으로 조직화된 생명의 모나드*가 움직이고 기능하는 것이다. 죽음은 하나의 환경에서 다른 환경으로의 변화, 다시 말해 참 자아 또는 생명의 모나드가 완전히 꽃을 피워 삶을 더욱더 자각하고 삶의 더 높은 영적 가치를 이루도록 이끌어주기에 가장 적합한 형태와 조건으로 변화하는 것을 뜻한다.

보라, 내가 너희에게 비밀을 말하노니 우리가 다 (사망하여) 잠잘 것이 아니요,
순식간에 홀연히 다 변화하리니…
죽은 자들이 썩지 아니할 것으로 다시 살고…
썩지 아니할 것을 입겠고…

———

* 모나드(monad): 존재의 궁극 단위를 뜻하는 철학용어. –역주

죽지 아니함을 입으리로다…

사망이 이김의 삼킨 바 되리라고 기록된 말씀이 응하리라.

사망아, 너의 이기는 것이 어디 있느냐.

사망아, 너의 쏘는 것이 어디 있느냐.

- 고린도 전서 15장 51~55절

≪미지의 인간Man the Unknown≫에서 알렉스 카렐*은 말했다.

"인간은 환영들의 행렬로 이루어졌으나, 그 중심에는 미지의 실재가 활보하고 있다."

이와 마찬가지로 나낙은 자신에 대해서 비슷한 어조로 말했다.

"나낙이라 불리는 물질적 틀 안에 보이지 않는 지고한 존재의 권

---

* 알렉스 카렐(Alex Carel): 노벨상을 수상한 프랑스의 의학자. -역주

능이 작용하노라."

'숭배할 이의 노래'를 뜻하는 ≪바가바드 기타≫에서는 힌두
교 신화의 유명한 세 명의 신 중 하나인 비쉬누의 일곱 번째 화
신인 주 바그완 크리슈나는 이렇게 말했다.

그대 판두왕의 아들이여, 알지니. 나도 그대도 또한 지상의 어떤
왕자들도 존재하지 않았던 때 없었고, 이후로도 우리 중 누구라
도 사라질 때 오지 않으리.
영혼은 이 물질의 육신을 입고서 유아기, 청년기, 장년기, 노년기
의 과정을 경험하고 그런 뒤에도 시간이 지나면 다른 육신으로
옮겨가며 또 다른 육신으로 환생해서 다시 살면서 그 역할을 하
리라.
내면의 원칙의 지혜를 습득한 이들은 이러한 일들을 알며 이 변
화의 세상에서 발생하는 어떤 일에도 흔들리지 아니하나니, 그러
한 이에게 삶과 죽음은 그저 말뿐이요, 내면에 거하는 깊은 존재
의 표면적 모습일 뿐이니라.

그러므로 우주의 순환 법칙 아래에서 모든 것이 원을 그리면서 움직이며, 또한 영원하다는 점은 명백하다. 대부분의 경우 더 높은 차원에서의 거듭남으로 이끄는 죽음과, 죽음의 신 쉬바의 춤은 영원토록 계속된다. 이렇게 영원히 굴러가는 삶의 수레바퀴 아래에서, 인간은 진화와 성장의 과정에 따라 다양한 존재의 차원에서 단순한 물질적 형상에서 아스트랄 형상으로, 다시 원인계의 형상으로, 그리고 마지막으로 영적 존재로 계속해서 변화해 간다. 마침내는 본래의 면목을 되찾고 자신의 내면에 잠재되어 있는, 영원히 진화하는 의식의 원리를 온전히 알고 깨닫게 되며, 자기 존재의 완전함을 받아들이게 된다.

"언제나 우리는 하느님(보편적 실재) 안에서 살고 움직이고 개체성을 갖나니, 우리는 그의 자녀요, 그는 우리 존재 중의 참된 존재이며 우리 안에 활동하시는 그의 권능이 없이는 우리는 존재하고 기능할 수 없나니라."

– 사도행전 17장 23~24절

심는 대로 거두는 법이다. 식물이든 동물이든, 아니면 사람

이든 각각은 고유한 종자에 내재된 자질에 따라 정해진 삶의
형태에 맞추어 자신의 종으로 성장한다.

"하느님이 그 뜻대로 저에게(종자에게) 형체를 주시되, 각 종자에
게 그 형체를 주시느니라."

고린도 전서 15장 38~40절

생명의 사다리에서 가장 높은 곳에 있는 인간은 창조자에게
서 떨어져 나온 존재가 아니다. 아버지는 잠재된 형태로 아들
안에 거하며, 아들은 아버지에게 굳건히 뿌리를 내리고 있다.
그러나 아들은 지상에서 활동하는 동안 늘 육체라는 거죽에
제약을 받기에 이러한 진실을 알지 못한다. 내면에서 작용하는
신의 권능으로, 그는 진실로, 그러나 알지 못하는 중에 신의 성
전에서 살고 있는 것이다.

"너희는 너희가 성스러운 하느님의 성전이며 하느님의 영이 너희
안에 거한다는 것을 (그러므로 하느님이 곧 너희임을) 알지 못하
느냐."

'인간'이라는 말은 단지 지상에 존재하는 육화肉化한 신의 영혼에 붙여진 이름일 뿐이다. 그러므로 유명한 삼위일체의 교리는 바로 이것이다. 전체는 아버지(완전한 영), 아들(육신, 마음, 지성을 입은 개체화된 영), 성령(둘 사이를 연결하는 구원줄 또는 생명줄로서 이를 따라감으로써 인간의 영은 인간적인 장식을 초월하게 된다)이라는 세 부분으로 이루어져 있다. 모두가 인간 안에 겸비되어 있다. 그러므로 갈릴리의 선지자는 이렇게 권고했다.

"하늘에 계신 너희 아버지께서 완전하듯 너희도 완전하라."

완전함은 완전한 존재로부터 온다.

그런 까닭에 '완전함'이 인생의 목표이며, 이는 육신과 마음과 지성의 제약을 초월함으로써, 그리고 아직은 개척되지 않고 알려지지 않은 광대한 무의식의 바다 깊은 곳에서 잠들어 있는 잠재력을 두드려 깨움으로써 참자아를 드러내는 것, 곧 개별적 영의 진화를 의미한다. 이렇게 되기란 사실 어렵지만 성취할 수 없는 것은 아니다. 감각을 초월한 천상 세계의 지식 즉 파라 비드야Para Vidya에 대한 이론과 기술 모두에 정통한 스승으로서 온 영혼을 만난다면 말이다. 감각이란 외적 관찰과 실험이라는 경험적 세계의 지식 곧 아프라 비드야Apra Vidya의 영역에서만 도움이 될 뿐이다.

"하느님의 나라는 볼 수 있게 임하는 것이 아니요, 또 여기 있다 저기 있다고도 못하리니 하느님의 나라는 너희 안에 있느니라."

– 누가복음 17장 21절

신의 왕국은 구름 속에서 내려오는 것이 아니다. 그것은 이미 인간의 내면에 존재하며, 억겁의 과거에서부터 스승들이 선택된 제자들에게 가르쳐온 것과 마찬가지로, 우리는 살아 있는 동안 자발적으로 일어나는 죽음과 유사한 의식의 전환 과정을 통해 그 영광을 목격할 수 있다. 한 사람이 해낸 일은, 신인의 적절한 도움과 안내를 받으면 모두가 할 수 있다. 모든 성인에게는 과거가, 모든 죄인에게는 미래가 있는 법이다.

2장

생명의 빛

오, 친구여! 육신의 삶을 넘어
생명의 빛을 경험하라.
너희는 진실로 여기 존재하는
만물의 생명이라.

우리 모두는 지구라 불리는 머나먼 땅에 내려와서, 신의 수많은 탕아들처럼 아버지의 잠재력을 지니고 있으나 이 세상의 덧없는 아름다움과 영광을 뒤쫓느라 이러한 잠재력을 매일, 그리고 매순간 낭비하면서 자신의 신성한 기원과 지복의 고향, 그리고 자신의 선조와 위대한 유산에 대한 기억을 모두 잊어가고 있다. 우리는 '육신으로 태어나' 육신 안에 살면서 내면에서 연결되어 있던 구원의 생명줄이 끊어졌고 따라서 영적으로 죽은 상태이다. 육체와 마음의 차원에서 정신 없이 바쁘게 살아가고 예술, 과학, 그리고 기술 분야에서 굉장한 업적을 이룩했음에도 불구하고 우리는 여전히 죽은 상태이다. 자연이 자신의 양자養子로 삼은 인간에게 모든 삶의 편리함을 제공해 주었음에도 불구하고 우리는 아직 타인들뿐 아니라 자기 자신에 대해서도 끊임없는 두려움과 불신을 느끼며 살아가는데, 이는 우리가 어느 새인가 삶이라는 바다에서 정박할 곳을 찾지 못한 채 술렁이는 바다 위에서 무기력하고 절망적으로 표류하다가 사나운 바다 속에 빠져버리고 말게 되기 때문이다.

인간은 대우주의 복사본인 소우주이다. 개체와 전체, 이 둘은 각 부분 부분이 친밀하게 연결되어 있다. 외부에 존재하는 모든 것은 내면에도 존재하며, 인간 안에 있는 영은 육체와 마음의 무거운 속박에도 불구하고 두꺼운 장막을 뚫고 나와 그 너머의 세계, 곧 영원히 스스로 존재하는 진리이며 태초로부터 변함없이 동일한 지고 신의 영원한 통치권을 들여다볼 능력을 갖고 있다.

이에 관해서 수많은 신비가들이 증언했다.

너희가 비록 공간 속에 살지라도, 너희의 뿌리는 공간을 초월하니,

이곳의 문을 닫고 무한의 들판으로 비상하는 법을 터득하라.

감각의 세계를 초월하지 않는 한

신의 나라에서 철저히 낯선 자로 남으리니.

우리 바깥으로 완전히 벗어날 때까지 끊임없이 분발하라.

그리하면 낮은 왕국의 허망함을 알지라.

육신과 육체적인 것들을 초월하기만 하면

너희 영은 신의 영광을 입증하리라.

너희의 자리는 진실로 신의 왕좌이나,

헛간에 살고자 하니 안타까운 일이로다.

육신 밖에 있어도 육신은 너희 것인데,

그 바깥으로 나오기를 어찌하여 두려워하는가?

오, 친구여! 육신의 삶을 넘어

생명의 빛을 경험하라.

너희는 진실로 여기 존재하는 만물의 생명이라.

아니, 이승과 저승의 두 세계가 너희 안에 있노라.

바로 너희로부터 모든 지혜가 내려왔으며,

바로 너희에게 신이 그의 신비를 드러내노라.

한마디로, 너희가 그토록 작게 보일지라도

전 우주가 너희 안에 거하고 있노라.

인간의 몸과 천사 같은 정령을 가졌으니

너희는 마음대로 세상을 누비고 하늘로 비상할 수 있노라.

여기 낮은 곳에 육신을 두고 떠나가면 얼마나 즐겁겠는가.

가장 높은 하늘로 날갯짓하여 올라가라.

살과 뼈로 된 저급한 집을 떠나,

너희 영과 마음을 저 높은 곳으로 데려가라.

너희가 육신의 거처를 벗어날 수만 있다면

육신이 없는 곳으로 갈 수 있노라.

육신의 생명은 물과 음식에서만 오니,

지상에서는 너희가 이와 똑같은 것으로 옷을 입었기 때문이라.

너희에게 지상 것이 아닌 손과 발이 있는데도

어찌하여 밤마다 납골당을 빠져나가지 아니하는가?

이것만 알면 될지니,

너희 내면에는 사랑하는 이에게 갈 입장권이 있노라.

너희가 육신이라는 감옥을 벗어나기만 하면,

수고함 없이 새로운 세계로 들어가리라.

완전한 스승은 우리가 계속해서 표류하는 마음과 물질의 세계라는 강력한 소용돌이 속에 휩쓸려 오랫동안 무시하며 잊고 지내온, 잃어버린 내면의 왕국에 대해서 반복하여 말해준다. 이는 가보지 않은 길을 걷고 탐험하지 않은 세계를 탐험하며 이미 우리 내면에 있는 진정한 내면의 존재를 재발견하라고 신이 준 기회이다.

인간으로의 탄생은 진실로 희귀한 특권이다. 이는 길고 긴 진화 과정, 곧 바위와 광물에서 시작하여, 채소의 세계를 거쳐 곤충, 파충류, 그리고 설치류의 세계를 지나 조류와 가금류를 거치고, 다음으로 짐승들과 네발동물들이 되는 진화 과정을 거친 이후에 주어진다. 인간 안에는 다른 생물들에게 없거나 매우 적은 양으로 존재하는 원소가 있다. 이 천상의 원소는 인간에게 추론과 분별을 할 수 있는 능력을 주어 옳고 그름, 선과 악을 구분하게 하고, 삶의 높고 고상한 가치를 이해하고 실행하게 하며, 자유 의지를 통해 더욱더 발전하는 방향으로 나아가 삶의 높고 고상한 가치를 선택하고 채택하게 하여, 인간이 '영으로' 태어나며, 마음을 초월한 각성, 곧 먼저 우주를 깨닫고 다음에 우주를 초월한 차원을 깨닫는 상태로 올라가게 함으로써 의식을 새로운 차원으로 넓혀준다. 지금은 우리가 이에 대해 알지 못한다 하더라도 이 모든 일은 분명히 이루어질 수 있는 것이다.

철학자 칼 융은 말했다.

"우리 자신은 살아 있는 전 생명계를 담는 그릇으로서 과거에 살았던 모든 삶이 합해져 있을 뿐만 아니라, 미래의 모든 삶이 솟아날 풍성한 대지이자 시작점이기도 하다. 내면의 감각은 다가올 일에 대한 예감을 마치 역사 속의 일처럼 명확하게 비춰낸다. 이러한 심리학적 근본 원칙에서 발생하는 불멸이라는 개념은 매우 타당한 것이다."

인간은 점흙질의 틀 속에 감금되어 있고 마음의 권세에 지배당한 채 거대한 우주 안에서 보잘것없는 아이에 불과하며 그 지위와 힘도 미약하다. 그러나 영혼으로서의 인간은 한계를 모르며 만물에 스며든다. 개체화된 것처럼 보이는 영혼은 그 가치를 매길 수 없을 만큼 귀중한 최상의 보물이다. 그러므로 신비주의 현자였던 비크Bheek는 말했다.

오, 비크여! 세상 그 누구도 빈곤하지 않으니.
각자 허리띠 안에 값진 루비를 숨겨놓았구나.
그러나 아쉽구나! 매듭을 풀 줄 몰라
루비를 얻지 못하여 구걸하고 있으니.

다크쉬네슈와르의 현자인 라마크리슈나 파람한사는 말했다.

"신은 모두의 내면에 거하나 모두가 신 안에 거하지는 않는구나."

구루 나낙은 위대한 신비를 벗겨내고 다른 모든 일에 능통해질 수 있는 방법을 말해주었다. "마음을 정복함으로써 그대는 세상을 정복하는 것이다."가 바로 그의 단순한 비책이다. 마음은 현재 셀 수 없이 많을 만큼 다양한 성격을 띤 욕망에게 서로 다른 방향에서 잡아당겨져 완전히 찢겨져 있다. 마음은 그 세포 하나 하나에서 물결치는 신의 사랑으로 차츰 다시 통합되고 완전해져서 나뉘지 않은 전체가 되어야 한다. 그때에만 마음은 영에게 자발적으로 봉사할 수 있는 도구가 되어 지금처럼 영을 끌어내리지 않고, 항상 여기, 저기, 사방팔방의 비좁은 궁지로 몰아넣지 않게 되기 때문이다. 이 히드라 같은 괴물은 훈련을 받고 길들여지기 전까지는 바다의 신 프로테우스●처럼 계속해서 거친 익살을 부리며 다른 얼굴과 모습을 하고서 마치 카멜레온처럼 원하는 대로 눈에 띄지 않는 색채를 띨 것이다. 마음이 세상과 세속적인 모든 일들에 집착하고 있는 한 대지에서 받는 힘과 능력은 계속해서 커지게 된다. 그러므로 마치 대지에 접해서 힘을 받는 동안은 무적이었던 안타이오스●라는 거인을 없애기 위해서 헤라클레스가 그랬던 것처럼, 마음을 하늘로 끌어올려 높

● 프로테우스(Proteus): 그리스 신화에 나오는 늙은 바다신으로 변신술에 능했다고 한다. -역주

은 곳에 머물게 해야 한다.

마음은 일단 위에서 흘러오는 성스러운 선율과 접하게 되면 위로 두둥실 들어 올려져서, 아래로 끌어내리는 세상의 감각적 즐거움에 대해 완전히 무관심해지게 된다. 그로 인해 저 낮은 차원에 남겨진 육신은 점차 죽은 것과 다름없는 상태가 되고, 마음은 마찬가지 상태가 되어 치트–아카쉬chit-akash까지 올라간다. 치트–아카쉬는 마음의 본거지이자 태고 적부터의 엄청난 기억들이 저장되어 있는 저장소로서, 마음은 그곳에서 생명의 바람(프라나Prana)이 순수 의식 위에 불 때 아래로 내려왔다. 그 과정에서 순수 의식은 두 겹의 껍질(마노–마이 코쉬mano-mai kosh와 프란–마이 코쉬pran-mai kosh)로 둘러싸이게 되며, 또 다른 껍질인, 모든 감각 기관을 수용하기에 적합한 물질적 껍질(안–마이 코쉬ann-mai kosh)을 통해 감각의 세계에서 반드시 필요하고 영혼

• 안타이오스(Antaeus): 그리스 신화에 나오는 바다의 신과 대지의 여신의 아들이며 땅에 몸이 닿는 한 천하무적이었으나 이를 눈치 챈 헤라클레스가 그의 몸을 공중으로 번쩍 들어올리자 완전히 힘을 잃었고 곧 죽임을 당했다고 한다. –역주

이 지상에서 활동하기에 알맞은 정신적 기관을 구성한다.

　우리는 육신이라는 마법의 상자 안에 갇혀 제한을 받고 있지만 그 쇠사슬에 묶인 것은 아니다. 비록 자신을 얽매인 죄수라고 생각하고 활동하지만, 이는 우리가 어떻게 해야 영을 해방시켜 육신을 초월하는지를 알지 못하기 때문이다. 고대로부터 왔던 모든 스승들은 한결같은 목소리로 '내면으로 들어가 안을 보고' 등불을 찾으라고 말했다. 우리가 거하는 음울한 감옥에 드리워진 어둠 속에서 고유한 광명으로써 만물을 비추는, 유일한 희망과 구원인 '생명의 빛'을, 스스로 존재하며 한 줌의 어둠도 없는 그 빛을 말이다. 이 빛에 대해서 다음과 같이 전해진다.

　"빛이 어둠에 비췄으되 어둠이 이를 깨닫지 못하더라."

-성 요한

　"네 속에 있는 빛이 어둡지 아니한가 보라."

-성 누가

바로 이 빛이 '샛별day-star'이라 불리는 것으로서, 믿는 자의 '발을 비추는 등불'이 되어 마음과 영을 황홀케 하고 마음과 영은 자기도 모르게 거기에 매료되어 더 높은 의식, 초의식의 영역들을 향해 위로 흘러가게 된다. 이때 흰 날개가 달린 신들의 말 페가수스나 예언자 모하메드를 하늘나라(알미라즈 almiraj)에 데려다준 바르크(번개)라고 은유적으로 표현된 성스러운 빛, 바로 빛에서 솟아나 신성한 음률의 날개를 타고 들려오는 빛나는 생명의 흐름, 곧 소리로 현현한 생명의 흐름(샤브드)을 따라가게 된다.

위대한 스승들은 시대와 장소를 불문하고 모두들 이 독특하고 놀라운 집, 곧 아버지와 아들과 성령이 거하는 진정한 신의 성전인 인간의 육신에 대해서 말해왔다. 아들(인간의 영)이 신인의 은총을 받아 성령(신인에 의해 육신에 현현된 신의 권능)으로 세례를 받지 않는 한 탕자는 놀라운 바깥 세계의 경이로운 일들에 둘러싸여 방황하게 되며, 미궁을 빠져나오는 길을 발견하여 아버지 신의 고향으로 돌아가지 못한다. 이는 다음과 같은 영원불변의 법칙 때문이다.

"육신(점흙질의 형상) 안에서, 그리고 육신(육신이 된 말씀)을 통해서 육신을 초월한 존재를 알게 되도다."

– 성 아우구스티누스

인간의 내면에는 생명의 빛이 있다. 이 천상의 등불은 육신의 성지 안에서 밤낮으로 영원히 타오른다.

"빛 중의 빛 가까이에 오는 자는 모두 더 높은 왕국으로 자유롭게 날아오르리라."

이것은 진리로 이끌어주는 진리이다. 성 아우구스티누스가 말했듯이 "진리를 아는 자는 빛이 어디에 거하는지 알고 있고, 그 빛을 아는 자는 영원을 알고 있으며", 요한복음 8장 32절에 기록되었듯이 '이 진리가 우리를 자유롭게 할 것이다.' 이 자유란 견고한 모든 속박, 과거에 대한 후회, 현재에 대한 두려움, 그리고 우리가 계속해서 느끼는 죽음에 대한 공포로부터 벗어나는 것을 뜻한다. 말씀, 곧 성령은 모든 창조의 기반이 되는 위대한 진리이다.

"만물이 그(말씀)로 인해 지은 바 되었으니 지은 것이 하나도 그가 없이는 된 것이 없느니라."

-성 요한

"온 세계가 샤브드로부터 솟아났느니라."

나낙의 말씀이다. 또한,

"그의 말씀 한마디로 거대한 창조가 꽃피게 되었으며 수천 가지 생명의 물줄기가 솟아났노라."

우파니샤드에는 이렇게 기록되어 있다.

"에코아함, 바후 샤암Ekoaham, Bahu syaam."

'나는 하나이나 여럿이 되고자 하노라.'라는 뜻이다.

회교도들은 말씀을 "그가 뜻하시자, 보라, 온 우주가 생성되었노라"라는 의미의 '쿤–피아–쿤Kun-fia-kun'이라고 일컫는다. 그러므로 그것은 '행위하는 신의 권능' 곧 신의 선율인 빛과 생명으로 만물에 충만해 있고 모든 권능을 가지고 있는, 보이는 것과 보이지 않는 모든 것에 내재하는, 셀 수 없이 많은 창조물을 창조하고 유지하는 힘인 것이다. 나낙은 창조에 대해 말하면서 이렇게 이야기했다.

"또한 당신의 나라는 셀 수 없이 많나니 당신의 무수한 하늘나라는 다가갈 수도 들어갈 수도 없나이다."

셀 수 없을 만큼이라는 말로도 신을 묘사할 수는 없다. 헤아리고, 헤아릴 수 없다는 말은 전능하신 분께는 중요치 않다. 만물에 내재한, 창조물 자체의 바로 그 생명인 신은 아주 작은 부분까지도 알고 있다.

더 높은 삶인 영의 삶에 대해서 좀더 이해하기 위해서는 세속적 삶의 경계를 건너가 죽음이라 불리는 문을 통과하여 저너머 천상의 세계에서 다시 태어나야 한다.

"성령으로 난 것은 영이니, 내가 네게 거듭나야 하겠다 하는 말을 기이하게 여기지 말라."

- 요한복음 3장 6~7절

신인에 의해 내면에 현현된 '생명의 빛'을 만나는 일은, 곧 끝없이 돌아가고 있는 윤회의 수레바퀴 속에서 기나긴 여행을 하는 영혼을 구원해 내는 것이다.

모든 창조물은 840만 종(84락스)으로 이루어져 있다고 한다. ⑴물에서 사는 생물 90만 종(9락스), ⑵공중에서 사는 생물 140만 종(14락스), ⑶곤충, 설치류, 파충류 등 270만 종(27락스), ⑷나무, 관목, 허브, 그리고 기타 채소들과 덩굴 식물 등 300만 종(30락스), 그리고 ⑸모든 종류의 네발짐승과 동물, 신과 여신, 반인반신과 신령, 악령과 방황하는 영들을 포함한 인간 40만 종(4락스) 등이 있다. 지바-아트만, 다시 말해 아트만이 되지 못해 자유롭지 않은 개별적인 영혼은 세세생생에 걸쳐서 모아온 카르마와 인상들의 강제력에 의해 이런 저런 육신 안에서 끊임없이 윤회한다.

그렇다면 이렇게 의식을 내면으로 전환하는 일은 '하느님 아들의 음성, 즉 신에 의해 현현된 내면의 음악'에 접합으로써 얻게 되는 진정한 삶과 영원한 생명의 전조인 것이며, '듣는 자(지금은 그 음악을 듣지 못하나)는 살아나리라. (그리고 우리 곁에서 영원히 살리라).' (요한복음 5장 25절)

또한 다음과 같이 기록되어 있다.

"그때에 소경의 눈이 밝아질 것이며 귀머거리의 귀가 열릴 것이며 그때에 저는 자는 사슴같이 뛸 것이며 벙어리의 혀는 노래하리니 이는 광야(사람의 가슴)에서 (생명의) 물이 솟겠고 사막에서 시내가 흐를 것임이라."

— 이사야 35장 5~6절

"우리가 이제는 거울로 보는 것같이 희미하나 그때에는 얼굴과 얼굴을 대하여 볼 것이요, 이제는 내가 부분적으로 아나 그때에는 주께서 나를 아신 것같이 내가 온전히 알리라."

— 고린도 전서 13장 12절

마찬가지로 나낙도 말했다.

"영은 소리의 흐름에 동조되면 (육신의) 눈 없이 (신의 빛을) 보기 시작할 것이요, (육신의) 귀 없이 (신의 음성을) 들을 것이며, 손 없이 (신성한 음악에) 매달릴 것이요, 발 없이 (신을 향해) 움직일 것이라."

위대한 스승인 나낙은 다시 계속해서 설명한다.

"보는 눈은 (진실을) 보지 못하나, 구루의 은총으로 (신의 권능을) 마주보게 되느니라. 이런 까닭에 훌륭하고 신앙심 깊은 제자는 어디서나 신을 감지하는 것이라."

우리의 감각 기관은 물질 세상에서만 우리에게 도움이 되도록 만들어졌으나 그 역시도 불완전하며, 물질을 초월한 차원에서는 무용지물이 되고 만다.

"우리가 보기는 보아도 알지 못하며 듣기는 들어도 깨닫지 못하느니라. 또한 우리 마음은 느끼지도 이해하지도 못하느니라."

그러나 완벽한 변화, 놀라운 변화는 어떻게 하면 살아 있는 동안 자발적인 죽음의 과정을 실질적으로 겪고 내면으로 전환할 수 있는지를 터득할 때에만 일어나게 된다. 그러므로 권고하기를 '지상의 삶에서 죽는 법을 배우라. 그리하면 자유롭고 두려움 없이 살아 있는 영 안에서, 육신의 덮개라는 제한된 부속물에서 자유롭게 살기 시작할 것이니라.' 그러므로 우리는 '영을 위해서 육을 버려야' 하는 것이다. 육보다 영을 사랑하라는 말은 갈릴리 예언자의 오랜 권고이다.

우리가 '육신 안에 있음을 편안하게 느끼는 한' 신에게서 멀어지게 된다. 그리고 '육신으로부터 의식을 거두어들일수록 신을 가까이 하게 된다.' 어떠한 창조물로도 조물주와 비교할 수는 없으니, 신이 아닌 것은 아무것도 아니기 때문이다. 지상으로부터 의식이 이동하여(흔히 '죽음'이라 알려진) 영적 차원으로 가게 되면(거듭남 또는 두 번째 태어남, 곧 영으로의 태어남) 육신에 흐르는 스승의 권능에 접하게 되며, 따라서 결코 소멸하지 않게 된다.

"모두가 (너희를) 떠날지라도 나는 너희를 버리거나 죽게 내버려두지 않을 것이니라."

"이기는 자(인간을 초인간화함으로써 물질을 초월함)는 두 번째 죽음을 당하지 않을 것이니라."

왜냐하면,

"너희가 영에 이끌림을 받으면 율법(윤회의 원인이 되는 인과의 법칙, 즉 작용과 반작용의 법칙) 아래에 있지 아니할 것이기 때문이니라."

이 모든 것은 단순한 이론이 아닌 사실이다. 생명의 진실이다. 왜냐하면 '생명의 불꽃'은 태어나는 순간에 모든 인간과 함께 오며, 빛나는 소리와 '천국(신의 왕국)의 신비로움'의 비밀을 아는 것은 모든 사람에게 허락되어 있기 때문이다(마태복음 13

장 11절). 초월계의 과학에서 논리와 추론은 설 자리가 없다. 실제로 보는 것만이 믿음과 신념을 갖게 해준다. 빛의 빛, 빛의 아버지 '스와욤 즈요티 스와루프 파르마타sayom jyoti swarup Parmata(스스로 빛나는 신)', '누란-알라 누르nooran-ala nor(위대한 천상의 빛), 그리고 인간의 영(우주 영의 성스러운 빛에서 온 불꽃, 의식의 대양에서 온 한 방울의 의식이나 다양한 껍질로 둘러싸인 독립된 개별 영으로 보이는 존재)은 모두 인간의 육신 안에 깃들어 있다. 그러나 이상하게 들릴지 모르지만 우리가 황량한 세상 한가운데를 참된 거처로 착각해 왔기에 그토록 가까이에 살면서도 서로 얼굴을 본 적이 없다.

스승으로서 온 영혼들은 우리에게 진실과 우리가 받아야 할 위대한 유산에 대해서 알려줄 뿐만 아니라 그리스도가 그러했듯이 이렇게 공언한다.

"내가 너희에게 하늘나라의 열쇠를 주리라."

– 마태복음 16장 9절

나낙도 다음과 같이 말했다.

"스승은 육신과 마음의 사슬에 묶인 영혼의 움직이는 집, 그 열쇠를 가지고 있나니. 오, 나낙아! 완전한 스승 없이는 이 감옥에서 벗어날 길 전혀 없구나."

그러나 과연 우리들 중 그들의 엄숙한 확신에 대해 믿는 사람이 얼마나 되고, 신의 왕국으로 들어가는 열쇠를 받아들일 준비가 된 사람은 얼마나 되며, 더욱이 눈 안쪽에 자리한 견고한 문을 열 사람은 얼마나 되는가? 또한 그리스도가 다음과 같이 언급한 말씀(성스러운 말씀)을 듣는 사람은 그보다 훨씬 적다.

"내 말을 듣는 자는… 사망에서 생명으로 옮겼느니라."

– 요한복음 5장 24절

이는 비진리에서 진리로, 어둠에서 빛으로, 그리고 사망에서 불멸로 이르게 해 달라고 날마다 열렬히 기도함에도 불구하고 그러하다. 이것은 정말 묘한 역설이요, 테베의 괴물인 스핑크스가 테베 사람들에게 던졌던 그 어떤 수수께끼보다, 그리고 청량한 물이 샘솟는 연못을 지키는 악마 야크샤가 판다바의 왕자들에게 던졌던 삶의 불가사의보다 더 역설적이니, 한 명씩 한 명씩 (다르마의 왕자 유디스트라*를 제외하고) 갈증을 풀기 위해 그곳에 다가갔지만 문제를 풀지 못해 돌로 변하고 말았던 것이다.

우리는 사실상 감각 없는 많은 사물처럼 뻣뻣하게 굳은 삶을, 말하자면 죽음처럼 굳은 삶을 살아가고 있지 않은가. 우리가 황금양털에 끌렸던 이아손*처럼 세인이 탐내는 목표물을 가지고 자신의 지배권에서 도망치지 못하게끔 엄중히 감시하고 있는 스핑크스와 야크샤를 물리쳐서 우리를 다시 한번 삶(영원

* 유디스트라(Yudhishtra): 인도의 대서사시 〈마하바라타(Mahabharata)〉에 나오는 신화 속의 인물. 연못의 악마 야크샤에게 "세상에서 가장 기이한 일이 무엇이냐?"는 질문을 받고 "우리 주변에서는 늘 누군가 죽고 있으나 사람들은 자기는 죽지 않으리라고 생각하는 것이야말로 세상에서 가장 기이한 일이다."라고 대답하여 돌이 된 형제들을 살려냈다. -역주

한 삶) 속으로 들어올려줄 평화의 왕자가 나타나기를 기다리는
것은 아닌가. 그렇다면 이는 우리가 풀어야 할 인생의 거대한
수수께끼이다. 그렇지 않으면 이곳에서의 짧은 삶은 위축되고
성장이 저지될 것이기 때문이다.

대다수의 사람들은 그저 동물적인 삶을 살아갈 뿐이다. 동
물들처럼 머리는 있으나 눈먼 삶을 살아가고 있다. 우리는 감정
과 마음의 차원 위로 올라가 본 적이 없다. 우리 스스로 그 차
원들 안으로 들어갔고, 이제는 그 차원들의 강한 손아귀에 붙
잡혀 있는 것이다. '천국의 빛'은 대다수에게 상상 속의 허구일
뿐 현실이 아니다.

육신 안에 우리와 함께 하고 있음에도 우리는 그를 보지 못하나니,
가엾도다, 이와 같이 생명력 없는 삶이여,

• 이아손(Jason): 그리스 신화 속 인물로 어릴 때 빼앗긴 왕위를 되찾기 위해 신비한
힘을 지닌 황금양털을 찾아 떠난 뒤 잠들지 않는 용을 처치하고 황금양털을 손에
넣었으나 왕위를 되찾지 못하였으며, 황금양털을 찾도록 도와준 메데이아를 배신하
고 다른 나라 공주와 결혼하여 온 가족이 몰살당하는 복수를 당했다고 한다. -역주

오, 툴시여! 모두가 완전히 눈멀었다네.

카비르는 우리에게 말한다.

온 세상이 어둠 속에서 울부짖고 있나니,
한둘의 문제였다면 고칠 수 있었을 것을.

나낙 역시 비슷하게 말한다.

깨달은 이에게는 모두가 반소경이나니
아무도 내면의 비밀을 알지 못하는 까닭이라.

그리고 다시 나낙은 소경을 이렇게 정의하고 있다.

눈 없는 자가 소경이 아니라
주를 보지 못하는 자가 소경이니라.
또한 주를 보는 눈은 매우 다르더라.

또한 다음과 같이 전해진다.

육신의 눈은 신을 보지 못하나,
스승이 내면의 눈을 밝혀주실 때,
훌륭한 제자는 자신의 내면에서
신의 권능과 영광을 목격하기 시작하노라.

그렇다면 진실되게 선의에서 비롯된 모든 노력을 다함에도 불구하고 신을 보지 못하는 것은 왜인가?

우리는 어둠에 가리운 채로 어두운 행위로 신을 구하려 노력하니 완전한 스승이 없이는 누구도 길을 발견하지 못했고 할 수도 없노라.
그러나 완전한 스승을 만나게 되면 사람은 가슴속 별실 안에서 뜬눈으로 그를 보기 시작하리라.

이름(성스러운 말씀)과 직접 교감해야만 우리는 그것을 알게 되며, 더 이상 알아야 할 것이 남아 있지 않게 된다는 점을 깨닫게 된다. 잡지Jap Ji에서 위대한 스승 나낙은, 저절로 흘러나오는 헤아릴 수 없는 혜택을 열거하며 그런 사람은 모든 미덕의 거처가 된다고 설명했다.

말씀과 교감함으로, 싯다Siddha•, 피르Pir•, 수라Sura•, 또는 나드 Nath•의 지위에 오를 수 있노라.

말씀과 교감함으로, 지상과 그곳을 지탱하고 있는 다울Dhaul•, 그리고 천국의 신비를 이해할 수 있노라.

말씀과 교감함으로, 지상의 영역과 천국의 높은 영역들, 그리고 지옥 세계가 드러나노라.

말씀과 교감함으로, 죽음의 문을 상처 없이 벗어날 수 있노라.

오, 나낙아! 그의 헌신자는 불변의 환희 속에서 살아가나니, 말

• 싯다(Sidha): 초자연적 힘을 지닌 사람.
• 피르(Pir): 이슬람 신 혹은 영적 스승.
• 수라(Sura): 신.
• 나드(Nath): 요기, 요가에 정통한 사람.
• 다울(Dhaul): 땅과 하늘을 떠받치고 있다는 황소.

씀이 모든 죄와 슬픔을 씻어버리기 때문이라.

말씀과 교감함으로, 쉬바, 브라마, 인드라의 권능을 얻을 수 있노라.

말씀과 교감함으로, 과거에 무관하게 모두에게서 찬탄을 받을 수 있노라.

말씀과 교감함으로, 요기들의 통찰력을 얻고, 삶과 자아에 대한 신비가 모두 드러나노라.

말씀과 교감함으로, 샤스트라Shastras•, 스므리티Smritis•, 그리고 베다Vedas•의 참된 의미를 얻을 수 있노라.

오, 나낙아! 그의 헌신자는 불변의 환희 속에서 살아가나니, 말씀이 모든 죄와 슬픔을 씻어버리기 때문이라.

말씀과 교감함으로, 진리와 만족과 참된 지식의 거처가 되노라.

말씀과 교감함으로, 아드 사드Ath-sath•의 순례지에서 했던 세정

• 샤스트라(Shastras): 힌두교의 철학적인 주석서.
• 스므리티(Smritis): 힌두교의 고대 경전.
• 베다(Vedas): 신과 인간에 대한 가장 오래된 책.

식의 열매를 맺노라.

말씀과 교감함으로, 학식 있는 자의 존경을 받노라.

말씀과 교감함으로, 세하즈Sehaj*의 단계를 성취하노라.

오, 나낙아! 그의 헌신자는 불변의 환희 속에서 살아가나니, 말씀이 모든 죄와 슬픔을 씻어버리기 때문이라.

말씀과 교감함으로, 모든 미덕의 거처가 되나니라.

말씀과 교감함으로, 세이크Sheikh*, 피르, 그리고 참된 영혼의 왕이 되노라.

말씀과 교감함으로, 영적으로 눈먼 이가 깨달음으로 가는 길을 발견하노라.

말씀과 교감함으로, 환상적인 물질의 끝없는 대양을 건너가리라.

• 아드 사드(Ath-sath): 문자 그대로는 이것이 8과 60이라는 뜻이다. 즉 68인 셈이다. 나낙은 68군데의 순례지에서 세정식을 하면 모든 죄악이 씻겨질 것이라는 힌두교의 믿음을 언급하고 있는 것이다.
• 세하즈(Sehaj): 모든 매력적인 파노라마가 가득한 물질계와 아스트랄계와 원인계의 분투를 초월하고 위대한 생명의 근원을 내면에서 보는 상태를 의미한다.
• 세이크(Sheikh): 교주. -역주

오, 나락아! 그의 헌신자는 불변의 환희 속에서 살아가나니, 말씀이 모든 죄와 슬픔을 씻어버리기 때문이라.

그러므로 우리는 이곳에서, 그리고 이곳을 떠난 후의 성공 비결이 내면의 '자아'를 모든 존재의 가장 중요한 것이자 궁극적인 것인 위대한 자아Overself, 즉 소리의 파장에 맞추는 데 있음을 알게 된다. 그러므로 나락은 다음과 같이 말했다.

커다란 행운으로 인간으로서 태어나게 되니,
그러므로 우리는 그 기회를 최대한 활용해야 하느니라.
그러나 인간은 내면에 있는 구원의 생명줄에서 고의적으로 일탈해 버림으로써
창조의 낮은 차원으로 떨어지노라.

세상의 전부를 얻더라도 자신의 영혼을 잃는다면 이는 실로 슬픈 일이라 하겠다. 그는 이득을 얻기는커녕 다시 치유할 수도, 되돌릴 수도 없는 완전한 손실만을 얻고 그로 인해 오랜 시간 고통받은 뒤에야 다시 인간으로 태어날 수 있게 되는 것이

다. 일단 주어진 기회를 놓치고 나면 그때까지 쌓았던 이득은 사라지게 되며, 우리는 어찌할 수 없이 인생이라는 강의 모래밭에서 허우적거리게 된다. 사다리의 꼭대기에서 떨어진다는 것은 실로 끔찍한 일이다!

3장

완전한 삶

"그러므로 너희 눈이 '하나'라면,

온몸이 빛으로 가득할 것이니라.".

- 예수

수많은 다툼과 투쟁의 장, 첨예하게 대립하는 이율배반과 모순으로 가득하여 다채로운 형태와 색으로 얼룩져 있는, 소위 거대한 삶의 파노라마라고 일컬어지는 이 지상 세계는 위대한 조물주가 창조한 무한한 우주의 한 점에 불과하다.

　창조에는 끝이 없나니.
　수도 없이 많은 생명이 다양한 이름과 종과 색을 띠며 존재하노라.
　끝없이 움직이는 조물주의 펜으로 외부 세계에 기록되었노라.

- 나 낙

이 세계는 겉으로 드러나는 그 모든 결함에도 불구하고 신의 뜻 안에서 나름의 의미를 지니고 있는데, 이는 거대한 발전소의 기계들 틈에서는 외견상 작은 톱니가 중요치 않게 보이는 것과 같다. 자연은 신이 손으로 빚어낸 작품으로서 그 설계와 계획에는 결코 낭비가 없다. 이 세계는 하나의 감화원, 교정 시설, 일종의 연옥, 속죄의 장, 혹은 훈련소로서 영혼은 이곳에서 경험을 통해 단련되는 과정을 거치게 된다. 이곳은 물질계와 영적 차원들 사이에 있는 중간 지대이다. 지상을 다스리는 힘은 엄격한 감독관으로서 '눈에는 눈, 이에는 이'라는 고대 모세의 율법을 따르고 있다. 여기서는 강도 높은 모든 방법이 적용되며 엄격한 처벌이 내려진다. 자비와 동정심도 없이 심판이 내려지며, 그리하여 사람은 단단히 교훈을 얻어 차츰 세속의 길에서 신의 길로 돌아오게 된다. 그러므로 지상에서의 삶이란 '공포로 가득한 암흑'과 같이 끔찍스러우며, 우리는 세상이라는 미지의 황무지에서 길 잃은 신의 자녀인 것이다.

진화란 살아 있는 개체의 본성이며 개체가 그 근원으로 향하여 그와 하나가 되는 데 있으니, 참다운 행복이란 '신성과의 연대, 본성과의 연대를 맺고 마침내는 완전한 단련과정을 거쳐 공간에서 자유로워진 상태로 빛나는 데' 있기 때문이다. 그러나 지상에서의 삶이 비극인 까닭은 '우리가 누구인지 모르며, 어떤 존재가 될 수 있는가'에 대해서는 더더욱 모른다는 점 때문이다.

"자신이 누구인지 우리는 보지 못하니,
우리가 보는 것은 자신의 그림자라."

우리 안에 있는 '내면의 존재'는 신의 형상을 따라 만들어졌으며, 따라서 신 안에서 안식을 얻기 전에는 쉴 수가 없다. "참다운 영적 체험은 천국에서 추방된 영혼이 참된 고향집을 발견하는 데 있다."고 플로티누스•는 말했다. 우리는 육신과 마음의 구속과 덫에서 '자아'를 분리시켜 내는 방법을 알아야만 이 같은 체험을 할 수 있다.

참 자아를 깨닫고 신을 깨닫는 것은 지상의 삶에서 최고의

———
• 플로티누스(Plotinus): 그리스 철학의 완성자. -역주

목적이다. 참 자아를 깨닫는 것이 신을 깨닫는 일보다 먼저이다. '너 자신을 알라'는 말은 고대인의 신조였다. 먼저 그리스인들이, 그리고 로마인들이 그 뒤를 이어서 각각 '그노티 세아우톤Gnothi seauton'과 '노스체 테이프숨nosce teipsum'이라고 불리던 것을 강조했으며, 이는 우리 안에 있는 '자아에 대한 앎 또는 지식'을 의미한다. 먼저 자아에 대한 지식, 혹은 힌두 리쉬•들이 말하는 '아탐 즈나나Atam Jnana•'와 무슬림 다르베쉬들이 말하는 '쿠드 산나시Khud Shanasi'가 온다. 그 다음으로 위대한 영혼 또는 신神-파름아트만God-Parmatman 또는 라불-알미인Rabul-almeen을 깨닫고 체험하게 되는데, 이것을 쿠다 샤나스Khuda Shanas, 곧 신에 대한 지식이라 한다.

자아를 깨닫는 과정, 즉 자아가 마음과 물질의 복잡한 미궁에서 벗어나게 되는 과정은 내향화, 그러니까 주의력을 거두어들이는 것에서 시작된다. 주의력이란 세상을 향한 영혼의 외적

• 리쉬(Rish): 요가 수행자. -역주
• 아탐 즈나나(Atam Jnana): 자아에 대한 지식. -역주

인 표현을 말한다. 자아를 깨닫는 과정은 주의를 감각의 세계에서 내면의 세계로, 그리고 물질계의 감각을 넘어선 차원, 전문적으로 말하자면 파라 비드야Para Vidya•로 전환시키는 기술이다. 참된 삶, 즉 진실은 죽음과 같은 상태에서만 인식할 수 있으며, 의식이 있는 상태에서 감각의 흐름을 육신에서 거두어들여 눈의 중심에 집중할 때 그러한 상태가 된다. 생명이란 감각들과 관찰이 사라진다 해도 '활동하는 원리'인 것이다.

우리는 일상 세계에서 모든 욕망들, 즉 몸과 눈과 귀, 그리고 다른 감각 기관의 욕망에 빠지기 쉬우며, 마음의 온갖 욕망과 마음속에 숨겨진 채로 잠들어 있는 미지의 씨앗에서 싹트는 무수한 집착과 수많은 열망과 욕망으로 인해 끊임없이 동요하고 있다. 모든 종류의 기호, 자만과 선입견, 애증, 그리고 다른 수많은 것들은 모르는 사이에 우리의 의식에 스며든다. 이 모두는 우리의 영적 에너지를 흐트러뜨리고 궁극적인 목표와 삶의 목

• 파라 비드야(Para Vidya): 파라(Para)는 절대, 비드야(Vidya)는 실재를 뜻한다. - 역주

적, 다시 말해 자아를 깨닫는 것에서 멀어지게 한다.

삶의 목적에 대한 이 같은 무지는 인류가 겪고 있는 심각한 병폐이며 '죄악과 슬픔으로 가득한' 세상에서 영혼이 구속되어 있는 원인이기도 하다. 하지만 우리의 내면에는 영혼을 되살리는 권능이 존재한다. 그러므로 우리는 정신없이 바쁜 행위들이 가득한 이 드라마에서 방향을 바꾸어 육신의 내면에 있는 고요한 중심, 즉 '모든 곳에 편재하며 모든 일에서 자유로운 힘이 존재하는 그 중심'을 발견해야만 한다.

인간의 육신은 진정 신의 성전이며 성령이 그 안에 거하고 있다. 그러므로 현재 이루어지는 모든 외형적 행위의 방향은 뒤바뀌어야 한다. 이러한 과정을 에머슨●은 '내면 두드리기'라고 했고, 또한 해리 트루먼 대통령은 '두뇌의 방공호로 들어가기'라고 말했다. 트루먼 대통령은 고위직의 중압감에서 벗어나 평화와 휴식을 원할 때마다 바로 이 방공호로 들어가 재정비를

● 에머슨(Emerson): 미국의 사상가이자 시인. –역주

했다고 말한다. 베다에서는 이를 브라암렌드라Brahmrendra, 다시 말해서 브라암을 접할 수 있는 통로라고 했다.

"두드리라 그리하면 열릴 것이라."

성 마태는 충분히, 의미 깊은 말을 전해 주었다. 이는 육신의 내면에 있는 어떤 문이 초월적인 차원, 곧 신의 왕국으로 이끌어 준다는 것을 보여준다. 그 입구에 대해서 이렇게 기록되어 있다.

"생명으로 가는 길은 좁고 협착하여 찾는 이가 적음이니라."

이 입구를 발견하고 그곳으로 들어가는 체험을 해야 개인적으로 확신할 수 있는 까닭은, 경험하기 전까지는 그 무엇도 실체가 아니기 때문이다. 지성에는 한계가 있고 따라서 그것에 기반을 둔 추론도 한계가 있다. 경전은 진리를 논하고 있지만 진리를 실제로 보여주지는 못하며, 진리와 직접 만나게 해주지 못하는 것은 말할 나위도 없다. 논리적 지식은 모두 추론에서 비롯되며, 완전히 믿고 의지할 수가 없는 것이다. 확신이란 오직 '영원한 말씀이 말할 때'에만 가능하다.

진리를 이해하는 가장 짧고 빠르고 확실한 방법은 미지의 차원으로 목숨을 건 도약을 통해서라고 위대한 철학자 헨리 베르그송이 말했다. 인지와 직감과 추론은 실재를 지성의 수준에서 어느 정도 이해하는 데 도움이 될 뿐이다. 그러나 '보는 것이 믿는 것이다.' '유일한 눈Single Eye'이라 불리는 자신의 눈으로 내면을 보는 것이다. 입구 또는 문에 대해서 대중들은 거의 알지 못한다. 나낙은 단호하게 선언했다.

"소경은 문을 발견하지 못하느니라."

생명, 즉 육신의 삶과는 다른 영혼의 삶, 영원한 삶으로 이끄는 '좁은 문'과 '비좁은 길'을 발견하기 위해서는 반드시, 지금, 아래로 또 외부로 향하는 주의력을 거두어들여, 밖으로 향하는 마음을 영혼의 자리, 양미간의 뒤쪽에 완전히 집중해야 한다. 다시 말하자면, 우리 존재의 중심을 가슴에서 눈의 중심(티

스라 틸Tisra Til 또는 누크타–이–스웨다nukta-i-sweda)으로 바꾸고 예수가 말했던 '유일한 눈'을 계발해야 한다.

"그러므로 너희 눈이 '하나'라면, 온몸이 빛으로 가득할 것이니라."

이 '유일한 눈' 또는 '제3의 눈', 현자들이 쉬브 네트라, 디브야 챠크슈 또는 챠스미 바틴이라 지칭하는 이곳은 영적 세계인 신의 나라, 즉 지금은 잃어버린 우리 왕국으로 들어가는 문이 된다. 내면에서 두드려야 하는 곳이 바로 이 곳이다. 완전히 집중하면서 흐트러지지 않는 주의력을 가지고 분리되지 않은 한 개체로서 열심히 두드리고 두드려 입구를 발견하고 아스트랄 세계로 들어가야 한다.

그러므로 다음과 같이 권고한다.

"지금이 주를 일깨워 사랑스럽게 그를 기억할 시간이니라."

하지만 어떻게? 우리는 그를 보지 못했다. 사람은 신과 같은 무형의 공空,void에 집중하고 묵상할 수 없다. 여기에 현자의 충고가 이어진다.

이(절대 실재에 다다르는 법)를 신인에게 배우라. 신인은 뭐라고 하는가? 쉬바의 자리(쉬바–네트라shiva-netra)인, 눈의 중심에 그대의 주의력을 고정하라. 그때 만물이 저절로 따라올 것이니, 내면의 '자아'를 경험할 것이기에.

스승들은 온 세상이 소경처럼 어둠 속에서 더듬거리며 달아나는 그림자를 뒤쫓고 있으나, 그림자는 우리가 가까이 갈수록 항상 멀어지면서 사라져 없어지고 만다고 말한다. 또한 모든 지복과 조화의 원천이 영혼의 자리인 눈의 중심이 계발되지 않은 상태로 남아 있다고 말한다. 이 지점을 발견한다면 인간은 마음의 시야가 닿을 수 있는 곳 너머의 영역을 초의식의 상태에서 만나게 된다. 우리에게는 감각 기관이 있기에 외부 지식을 얻으려면 오직 그 기관들을 활용하는 방법밖에 없다. 그러나 영혼은 감각 없이도 완전하며, 이는 영혼의 행위가 직접적이며 즉각적이지 세상 지식처럼 간접적이며 어떤 매체가 필요한 것이 아니기 때문이다.

인간은 이 접촉을 얻은 뒤에 아버지의 참된 고향으로 한 걸음 한 걸음 인도받게 된다. 이것이 완전한 삶이다. 인간은 진정으로 축복을 받았으니, 아스트랄계와 원인계라는 내면의 영역들을 초월하고, 해체와 대해체라는 반복된 창조의 경계를 벗어나 영원한 지복의 영역인 초월의 세계(브람과 파르 브라암)에 들어갈 수 있는 권한을 부여받았기 때문이다.

그러나 외부 세상과 자기 자신, 곧 육신과 마음과 지성으로부터 의식을 차단하지 않는 한 인간은 신에게 한 발자국도 다가갈 수 없다. "오직 외형의 인간이 소멸할 때 (육신 안의 인간이 초인간화될 때) 내면의 인간(영)이 다시 살아나게 되고, 아찔하게 높은 산에 올라가 변형이 되며 살아 있는 영이 되어 육신과 그 장애물들에서 자유로워져, 모세와 엘리야와 같은 고대의 스승들을 만나는 내면의 체험을 할 수 있게 되고"(마태복음 17장 1~3절) "유월절 잔치에 주와 동참할 수 있게"(마태복음 26장

26~29절, 마가복음 14장 22~25절) 된다. 바로 이 곳에서 주는 그 제자들을 기다리고 계신 것이다.

"볼지어다, 내가 문 밖에 서서 두드리노니. 누구든지 내 음성을 듣고 문을 열면 내가 그에게로 들어가 그로 더불어 먹고 그는 나로 더불어 먹으리라."

– 요한계시록 3장 20절

성 요한이 우리에게 계시하는 이 모든 내면의 체험들은 '영으로' 변형되었을 때 얻어졌으며, 그는 주께서 마치 '밤에 도적같이'(영혼의 어둠 속에서) 오시리라고 하였다. 저명한 페르시아 신비가였던 하피즈 역시 이렇게 증언한다.

"무르쉬드는 어둠 속에서 손전등을 들고 오시느니라."

모하메드는 말했다.

"신에게로 향하는 길은 머리칼보다 가늘고 면도날보다 날카롭다."

나낙도 이를 칸데-디-다르khande-di-dhar(칼날)라 했으며 머리 칼보다 가늘다고 표현했다. 인간은 죽음과 같은 체험을 실제로 통과해야 하는 것이다. 이에 관해서 성 플루타크●는 말했다.

"임종시 영혼은 거대한 신비의 차원에 입문을 받은 사람들이 체험하는 것과 동일한 인상을 받으며 동일한 과정을 통과한다."

그러나 우리들 가운데 죽음의 과정을 살아 있는 동안 체험할 준비가 된 이가 얼마나 되는가? 우리는 모두 죽음을 끔찍이 두려워하고 있다. 그것이 불가피한 모든 피조물의 끝이라는 사실을 너무나 잘 알고 있으면서도 그토록 두려워하는 까닭은 무엇인가? 이유는 멀리 있지 않다. 우선 우리는 살아 있는 동안 '자신의 의지로 죽는 법'을 배우지 못했다. 둘째로, 우리는 죽음 이후에 어떤 일이 일어날지 모르고 있다. 우리는 어디로 가는가? 죽음의 덫에 걸린 이후에는 무엇이 기다리고 있는가? 이것이 우리가 죽음에 대해 공포를 느끼고, 죽음에 대한 생각만으로도

● 플루타크(Plutarch): 그리스의 철학자로서 《영웅전》의 저자. -역주

극심한 공포에 빠지는 이유이다.

　온 세상이 너무나도 죽음을 두려워하고 있으며
　만인이 끝없는 삶을 살기를 희구하노라.
　만일 구루의 은총으로 삶 안에서의 죽음을 배운다면,
　성스러운 지혜를 아는 자가 될지라.
　오, 나낙아! 그렇게 죽는 이는
　영원한 생명의 선물을 스스로 얻노라.

죽음이란 결국 끔찍한 사건이 아니다.

'신의 뜻이란 얼마나 아름다운가. 무지한 자들이 상상하듯이 가혹
하지도 괴팍하지도 않으니 오히려 아폴로의 류트●와 같은 아름다
운 선율이요, 감로수의 끝없는 향연이라네.'

———

● 아폴로의 류트(Appolo's lute): 그리스 신화에 나오는 예술의 신으로 뮤즈들을 거
느렸으며, 만돌린처럼 생긴 현악기 류트를 발명했다고 한다. –역주

죽음은 사실 무덤 너머, 소멸될 잔해들을 집어삼키고 매장시키고 소멸시키는 장작더미의 불길 너머의 삶에 대한 새로운 전망과 지평을 열어준다. '흙에서 왔으니 흙으로 돌아가리라.'라는 구절은 영혼에 적용되지 않는다. 우리 내면에 있는 생명의 원리는, 아니 사실 다른 모든 생명에도 내재된 이 원리는 결코 죽지 않는다. 오직 원소 부분만이, 우리가 '죽음'이라고 잘못 부르며 소멸된다고 오해하고 있는 변화의 과정을 겪을 뿐이다.

'사실상 죽음은 삶을 잉태하고 삶은 죽음의 광채를 띤다.' 이는 모든 생명의 차원에 작용하는 보편적인 법칙이다. '현명한 사람은 자아(영이 감금되어 있는 육체적 자아)를 소멸시킬 때 진실을 깨닫게 된다.' 영이 자발적으로 족쇄를 부수고 나오는 순간 뭔가가 '지상이 아닌 세계로부터 가공할 빛'을 띠고 나타나서 영을 '가장 지고한 신의 예언자'로 만든다. 인간이 계시를 받고 천국과 지상이 공존함을 보는 곳은 바로 변형의 산이다. 바로 이곳에서 '어둠이 빛이 되고 공空이 열매를 맺는다.'

모두가 언젠가 죽는 것은 당연한 일이다. 이는 인간이든, 새든, 짐승이든, 부유하든 가난하든, 건강하든 병들었든, 젊었든 늙었든 상관이 없다. 물질이라는 옷을 입은 영혼은 언젠가는 그 것을 벗어버려야 한다. 죽음 자체는 분명하고 현실적이지만 (지 상에서의) 삶은 불확실하다. 우리는 잠시 멈춰서 자신의 내면에 거하는 존재가 앞으로 걸어가야 할 기나긴 여행에 대해서 거의 생각하지 않는다. 보통 다른 이들의 죽음을 한탄하고 며칠씩 그 들의 죽음을 애도하면서도 현명치 못하게 자신의 마지막을 살 펴보지도, 삶의 끝 이후에 놓여 있는 미지의 세계를 향한 마지 막 여행을 준비하지도 않는다. 죽음의 과정을 분석하는 것이 실 질적이고 유익할 수 있겠지만, 그 전에 최소한 우리가 어떤 존재 인가를 아는 일은 가치 있을 것이다. 우리는 누구인가? 어디서 오는가? 어디로 가는가? 그리고 무엇보다 삶의 의미, 즉 그것의 목적은 무엇인가?

인간은 현재 구성된 바로 볼 때 육신과 마음과 지성의 집합체 로서 그 배후에는 영혼이라 불리는 거대한 원동력이 작용하고 있다. 오랜 세월을 거쳐 지금의 모습과 환경을 갖춘 인간의 주의 력은 육신의 아홉 구멍, 즉 눈, 귀, 콧구멍, 입, 허리 아래의 두

구멍을 통해 밖으로 그리고 아래로 끊임없이 흐르고 있다. 우리가 원하거나 자발적으로 그렇게 한 것이 아니라 단지 습관이 되어버린 것이다. 우리는 아직 자기가 살고 있는 집에서 주인이 되지 못했다. 우리는 다양한 감각 기관을 통해 마음과 감각이 이끄는 대로 계속해서 광대하고 다채로운 감각적 즐거움에 끌려다니고 있다.

우리 안의 자아(주의력)가 마음과 물질 대상과 계속해서 관계를 가져왔기에 우리는 타락했을 뿐만 아니라, 인식하지 못할 만큼 말살되어 이제 자신이 진정 어떤 존재인지조차 모르고 있다. 우리는 자신을 구속하는 부속물들과 너무나도 동일시한 나머지 그것들과 독립되어 있고 또한 분리되어 있다는 것에 대해서는 전혀 모르고 있다.

자아는, 스스로 뒤집어쓴 조악한 개성의 가면을 벗어버림으로써 탈개체화되고 우리를 제한하는 수많은 동인動因들, 즉 (1) 마음, 떼지어 다니는 인상들(치트), 사고(마나mana), 추론하는 지성(붓디buddhi), 이기주의 또는 자기 주장(아함카르ahamkar),

(2)싸개 또는 덮개, 즉 물질의 껍질(안-마이), 미묘한 껍질(프란-마이 그리고 모노-마이), 인과의 껍질(비기얀-마이vigyan-mai 그리고 아난드-마이anand-mai), (3)자연적으로 타고난 성향(사트바 satva), 경박한 불안정(라자스rajas), 무지함에서 비롯된 게으름(타마스tamas). (4)전 물질계가 창조된 바탕이 되는 다섯 가지 원소들(타트바 tattvas)인 흙, 물, 불, 공기, 에테르, (5)다양한 비율로 존재하며 카르마의 결과에 따라 육체적 형상을 다양한 모양과 패턴, 색조를 띠게 준비하는 스물다섯 가지의 복합적 요소들(프라크리티prakritis), 이것들과 관련이 없음을 분명히 함으로써 순수하고 단순한, 껍질을 벗어버린 참 자아가 되지 않은 한, 자아는 너무나 많은 그물에 얽매여 있다. 그렇기 때문에 자신의 참된 본성을 알 수 없으며, 신성한 혈통과 풍성한 유산에 대해서는 더 말할 나위도 없다. 이 모든 것들은 오직 영혼이 본성을 되찾고 자신이 스스로 빛을 발하는 '참 자아'임을 깨달을 때에만 가능하다.

영국 사상가들이 이에 관해서 뭐라고 했는지 살펴보도록 하자. 인간은 그 자체로 작은 세상이니, 원소들과 천사 같은 영으로 교묘하게 만들어졌다. 낮은 차원으로 가면서 인간의 신과 같은 자질은 타락했고 신의 진노, 곧 전쟁, 역병, 뇌우가 끝없이 인간을 찾아든다. 허나 인간은 세상을 다음 삶을 위한 준비 단계로 여기고 육신을 영혼에 복종시키기만 한다면 고상한 행복을 누릴 수 있다.

– 존 단

무상한 것을 믿어봐야 무슨 소용이리, 세상에 지속될 무엇도 없다면?

– 존 스켈턴

동물적 본능의 영역을 포함하여 그 모든 것 안에는 선택된 자로 하여금 동물적 충동을 초월하도록 해주는 숨겨진 충동이 있다. 이 동물적 충동의 초월은 외부 세상의 모든 것에 대한 초연함으로 나타난다. 동물적 자아의 욕망을 무시한 증거는 '자발적 죽음'에 순종하려는 의지로 나타난다. 이는 동물적 본능의 소멸을 받아들이는 일과 병행하여 나타나, 마침내 순수 의식만이 주관적 세계에 남게 되고, 인간은 자신이 믿고 생각해 온 대로 지고의 존재로 변화하게 된다…

실제로 경험하기 전에는 어떤 것도 현실이 되지 않으니, 심지어 삶에서 실제 증명되지 않는 한 격언조차 격언이 아니다. 그러나 철학자 중 몇이나 이런 체험을 해보았던가?

이렇게 되려면 마음이 감각 기관으로서 다시 하나(분리되지 않은 전체)가 되어야 하며, 이는 감각에서 완전히 초연해지기 위한 필수적인 조건이자 전조이다. 자아가 마음과 몸과 지성에서 완전히 분리되려면 반드시 하나가 되어야 한다. 자아는 영원한 시간 속에서 존재 전체를 포용하는, 만사를 아는 마음이다. 실재의 차원에 들어가면 우리는 전체를 보게 된다.

– 미들턴 머레이

신비와 신비 사이에, 미지의 영혼과 미지의 실재 사이에 대화가 오고 간다. 삶이라는 짜임새 속의 어떤 지점에서, 감춰진 진리가 베일을 뚫고 나오는 듯하다.

–이비드Ibid

그렇다면 어떻게 해야 이 내면의 갈증을 채울 수 있는가? 눈의 중심(소위 '죽음의 관문'이라 불리는 곳)에 완전히 들어가 완벽하게 머무는 과정은 죽는 과정과 부분적으로 비슷하다.

눈 아래의 몸으로부터 감각의 흐름을 거두어들이는 과정은 자발적으로 이루어지며, 스승으로 온 영혼(산트 사트구루) 에게서 입문을 받은 제자는 평생 이 세계 너머의 신비로운 세계를 체험할 수 있게 된다. 스승으로 온 영혼은 성스러운 나암, 곧 신성의 빛과 오른편에서 들려오는 성스러운 소리의 흐름(성령)을 의식이 깨어 있는 상태로 직접 체험할 수 있게 해주는데, 이것은 내면의 신성이 가장 낮은 차원에서 나타날 때의 형태이다.

물질 세계에서조차 요람에서 무덤에 이르기까지 많은 선생들의 적극적인 도움과 안내 없이는 스스로 버티지 못하는 인간으로서는, 안내도 도움도 받지 않은 채 혼자만의 노력으로 영적 차원에 들어갈 수는 없다. 살아 있는 사트구루, 곧 무르쉬드-이-카밀(완전한 스승, 영혼의 과학과 기술에 정통한 이)가 가장 필요하고 중요한 이유가 여기에 있다.

사트구루는 감각의 차원인 육신의 모든 구멍에서 영의 흐름을 자유롭게 해주고, 영혼을 육체 의식 위로 끌어올려 내면에 존재하는 성스럽고 찬란한 영광을 스스로 목격하게 해줄 능력을 갖고 있기 때문이다.

감각의 흐름을 몸에서 거두어들이는 과정에서부터 죽음과 유사한 과정이 시작된다. 단지 조용하고 차분하게, 그리고 완전히 이완된 자세로 앉아서 눈의 중심에 의식을 고정하고 심란 Simran에 몰두하기만 하면 되는데, 여기에서 심란이란 힘이 실린 이름들을 반복하는 것을 의미하며, 이는 고대로부터 온 스승들의 생명의 파동을 전달하고 초월적인 영역들 안에 들어갈 때 암호 역할을 한다. 건전한 환경에서 편안한 자세로 자리를 잡고 있으면 자신을 잊어버리게 되며, 심지어 생명을 주고 유지해 주는 프라나(생명의 기)까지도 완전히 잊어버리게 되는데, 이때 프라나는 전 호흡 계통 및 순환 계통과 마찬가지로 저절로 점차 느려지며 리듬을 타게 된다.

우선 감각의 흐름은 몸의 말단부인 손가락, 발가락에서 점차로 철수되기 시작하여 위로 올라가고, 각기 몸을 구성하는 다섯 가지 요소중 하나에 해당하는 영역인 다양한 몸 센터들을 단계적으로 통과하게 되며, 마침내 가슴 센터를 지나 목 센터, 즉 우주의 어머니(모든 곳에 스며 있는 에너지)인 샥티의 자리에 이르게 되어, 눈 아래의 몸 전체가 감각을 잃어버리게 된다. 그러고 난 뒤 눈 안쪽의 센터(아그야 챠크라Agya Chakra)로 진행한다. 이곳에서 영의 흐름이 모여 내면의 방공호(브라암렌드라, 즉 브라마의 구멍)로 들어가게 되며, 브라만드 곧 대우주를 엿보게 된다. 이곳은 몸의 열 번째 통로로서 나머지 아홉 개의 출구와 달리 유일한 입구이다.

이곳이 바로 우리가 '두드려야 하는 문이며 초월적인 영역들로 들어가는 인가를 받는 지점이다. 더욱 광대하고 영광스럽고 스스로 빛나며, 열광적인 선율로 스스로 울려 퍼지는 천상의 음악이 있는 곳으로 말이다. 이 음악은 플라톤이 말하듯 '이데아 세계의 희미한 그림자로 사라져 가는', 비극과 고난으로 가득한 거대한 빈민가에 지나지 않는 물질 세계, 이때 우리는 이미 이곳을 떠나 있겠지만, 이곳 그 어디에서도 들을 수 없는 것이다.

이 단계에서 사람은 영의 세계, 즉 하늘나라로 들어가게 됨으로써 진정한 축복을 받는다. 그는 이제 모든 면에서 완벽한 구루박티•로서 스승의 빛나는 영체(구루 데브)와 함께 아스트랄계의 문턱에 서 있게 된다. 제자가 스승의 빛나는 영체에 다다르면 스스로 행하는 노력은 거기에서 끝난다. 이제 구루 데브가 영혼을 떠맡아 진정한 뜻에서의 샤브드박티, 즉 소리의 흐름에 대한 헌신 안에서 영을 단련시키는데 이것이야말로 자신의 진정한 형태인 샤브드 스와루프Shabd Swaroop이다.

바로 여기에서부터 스승은 영혼과 함께 다양한 영적 장엄함을 띠는, 셀 수 없이 많은 영역을 거치게 될 영적 여행을 시작한다.

우선 원인계, 즉 씨앗의 차원, 다시 말해 태내에 헤아릴 수 없이 많은 다양한 창조물을 항상 품고 있는 성모의 차원, 그리고

• 구루박티(Gurbhakti): 스승에게 모든 것을 맡기고 헌신하는 것. -역주

다음으로 침묵(순느Sunn)과 대침묵(마하 순느Maha Sunn)의 차원이 존재하는 초우주의 차원(파르 브라만드Par Brahmand)을 거쳐, 마침내 절대 실재의 근원적 현현, 즉 사트 푸르쉬라 불리는 의식의 대양이자 형언할 수 없는 광휘를 띤 형상 없는 유일자가 거하는 사츠 칸드에 도달하게 된다. 이 성스러운 과정은 단순하고 자연스럽게 이루어지며 어떠한 부담스러운 고행도 수반되지 않는다. '프라나'를 격렬히 통제하지도 않는다. 이 성스러운 과정은 단순하고 자연스러우며 어떤 힘겨운 엄격함도 포함하고 있지 않으며, 프라나의 극단적인 제어도 수반하지 않는다.

스승들은 이 귀한 기술을 진화시켜 왔고 이를 '영혼의 과학'이라고 명명했다. 이 과학은 만물을 유지하는 창조와 유지의 원리이자 만물의 내면에 존재하는 생명의 흐름에 대한 이론과 실재에 정통한, 스승으로서 온 성인의 적격한 안내를 받을 때 가장 잘 터득할 수 있다.

세계의 모든 경전은 이 근본 진리에 대해 다음과 같이 증언하고 있다.

태초에 '프라자파티'(지고의 신)가 있었나니,

그와 함께 '바크'(성스러운 말씀)가 있었고,

진실로 '바크'(말씀)는 지고의 브라마('파람 브라마')였노라.

– 베 다

태초에 말씀이 계시니라. 그 말씀이 하느님과 함께 계셨고 하느님
은 말씀과 함께 계셨나니 말씀이 곧 하느님이시더라. 만물이 그로
말미암아 지어졌고 그가 없이는 하나도 지어진 것이 없더라. 그에
게 생명이 있었나니 그 생명은 사람들의 빛이더라.

– 요한복음 1장 1~5절

칼람 즉 칼마는 만물을 창조하는 원리이나니. 신께서 말씀하시기
를 "쿤–피아–쿤"Kun-fia-kun, 곧 "존재하라" 하시자 이 명령으로부
터 모든 창조가 일어났노라.

– 코란

샤브드는 대지의 창조자요,

샤브드는 창공의 창조자이며,

샤브드는 빛의 근원이니,

만물의 가슴 안에 거하고 있노라.

- 나낙

스승은 진리를 찾기 위해 자신을 찾아오는 모든 사람들이 바로 이러한 모든 존재의 기본 원리(신의 빛과 소리)를 통해 실질적인 체험을 하도록 해준다. 내면에 존재하는 구원의 생명줄에 대한 이론적 설명과 직접적 체험(쉬크샤와 디크샤)으로 이루어지는 성스러운 입문은 귀한 축복으로서, 그 자체가 끝이 아니라 단지 시작일 뿐이며, 영혼이 아버지의 참된 고향으로 돌아가는 긴 여정을 떠나기 위한 준비 단계이다.

이러한 과정을 경험해 나가기로 선택한 사람들은 진정 행운아이다. 그들은 '삶 속에서의 죽음'이라는 진귀한 현상을 체험하며, 따라서 육신으로 거하는 동안 지반-무카트, 즉 자유로워진 존재가 되어 자신이 원하는 차원 어디에서든 충만한 삶을 영위하면서도 항상 신의 뜻 안에 머무른다.

그러한 행운아는 신성으로 완전히 무장하여 지성과 마음과 감각을 뜻대로 조절할 수 있다. 그는 집의 주인이며 마음과 지성의 하인이 아니다. 마치 육신이라는 전차를 모는 능란한 전사처럼 전차에 앉아서 자신의 지성을 바르게 다스리게 되며, 그에 따라 지성은 마음을 올바로 이끌게 되고, 올바른 길로 가도록 단련된 마음은 감각에 흔들리기를 거부하게 되어, 감각은 점차로 그 힘을 잃고 감각적 대상들의 매력에 이끌리지 않게 된다. 이렇게 하여 외부로 흩어지는 본능적인 흐름이 뒤바뀌어 안정을 찾게 되며, 그 결과 고요해진 마음의 물결이 신의 빛을 비추기 시작하니, 고대의 격언이 성취되는 것이다.

"감각을 정복하고 마음을 고요하게 하며 지성도 평정의 상태가 되기 전에는 하느님의 영광을 목격할 수 없나니라."

삶을 온전하게 체험하게 되는 이 귀한 경험은 '거듭남', 또는 육신의 탄생과 구별되는 영혼의 탄생으로 다양하게 일컬어진다. 이제 그러한 사람은 영혼의 인도에 따라 영혼으로서 살고 영혼으로서 걸어가며, 육신의 욕망을 포기하고 만인을 끊임없이 구속시키는 인과의 냉엄한 법칙인 카르마의 법칙을 곧바로 통과하게 된다. 하루하루 진보해 나감에 따라 형언할 수 없는 즐거움과 지복이 넘쳐나는 광경이 펼쳐지고 존재하는 모든 것을 통합적-전체적으로 아우르면서 새로운 지평이 열리게 되며, 이에 따라 먼저 개인성의 단계에서 마음을 초월한 단계로, 그 다음에는 우주와 초우주의 단계로 점점 더 의식이 각성된다.

여기에서부터 마음과 물질의 모든 구속에서 벗어나 자유로워진 영혼은 영혼으로서의 삶 속에서 영원한 기쁨을 누리고 삶에 대한 시각도 완전히 뒤바뀌게 된다. 즉, 이 거대한 우주가 이제 생물과 무생물 모두의 내면에서, 그리고 자신의 내면과 주변 모든 곳에서 약동하는 생명의 근원이 현현하는 것으로 보이게 되는 것이다. 영혼이 이때 목격하는 세계는 전에 알던 곳과는 완전히 다르다. 이제는 세상이 진정한 신의 거처로 보이게 되며 신이 진실로 그 안에 거하고 있음을, 아니 그 모든 구성 원자에 거하고 있음을 보게 된다. 모든 피조물이 생명이라는 하나의 거대한 대양에서 일어난 수많은 거품으로 보이기 때문이다.

이때부터 자유로워진 영혼은 주를 위해 살고 주를 위해 죽게 된다. 마치 사도 바울과 같이 '그리스도 안에서 죽고' 그리스도 가 그 안에서 살며, 죽음의 과정을 반복하여 체험하게 됨에 따라 의기양양하게 죽음을 삼켜 이긴다. 아버지와 아들이 하나 가 되는 것이다. 비록 외형적인 육신으로서의 인간은 여전히 남은 인연의 거미줄을 치기 위해 존재하겠지만, 내면의 인간(사람 안의 영)은 새로워진다. 시간이 지나면서 더욱더 강해지고 더욱 더 고귀해지는 것이다.

영을 위해 육을 버리라. 죽는 법을 배우면 살기 시작하리라.

– 토마스 A. 켐피스•

마찬가지로 카비르도 말했다.

사람들이 죽음을 심히 두려워하나,
나는 기쁨의 전조로 반기나니.

———

• 토마스 A. 켐피스(Thomas A. Kempis): 독일의 성직자이자 사상가. –역주

사망하라, 또한 세상에 죽은 자 되라.

나는 그러한 죽음을 하루에 몇 번씩 체험하노라.

4복음서에도 비슷한 의미를 지닌 구절이 많다.

자기 목숨을 얻는 자는 잃을 것이요,

나를 위하여 자기 목숨을 잃는 자는 얻으리라.

- 마태복음 10장 39절, 16장 25절

누구든지 제 목숨을 구원코자 하면 잃을 것이요,

누구든지 나와 복음을 위하여 제 목숨을 잃으면 구원하리라.

- 마가복음 8장 35절

누구든지 제 목숨을 구원코자 하면 잃을 것이요

누구든지 나를 위하여 제 목숨을 잃으면 구원하리라.

- 누가복음 9장 24절, 17장 37절

자기 생명을 사랑하는 자는 잃어버릴 것이요,

이 세상에서 자기 생명을 미워하는 자는 영생하도록 보존하리라.

- 요한복음 12장 25절

저명한 성인이던 '다두'도 이렇게 말했다.

오, 다두여! 죽음이 너를 덮치기 전에 죽는 법을 배우라.
죽어야만 한다면, 무엇이 득이 되리요?

구루 나낙 역시 똑같은 말을 했다.

오, 나낙아! 살아 있는 동안 죽는 법을 가르쳐줄 요가를 수행하라.

예언자 모하메드도 신도들에게 죽기 전에 죽음의 기술을 터
득하라고 가르쳤다.

"너희는 죽기 전에 죽도록 하라(마우투-퀴발란투마우투Mautoo-
qibalantumautoo)."

이슬람 신비가들, 예를 들어 크와자 하피즈, 샤마즈 타브레즈, 마울라나 루미 등은 그와 같은 귀한 체험이 매우 중요하다고 강조했다.

감각의 차원을 초월하지 않는 한,
내면의 삶에 대해 무지한 채로 머무르리.
육체라는 옷 외에도 그대에겐 다른 옷들이 있나니,
어찌하여 육신에서 벗어나기를 두려워하는가?

이 주제에 관해서는 무수히 많은 경구들을 찾아낼 수 있을 것이다. 그러므로 얼 바서만*의 문구로 마치도록 하겠다.

대다수는 유일하신 실재의 불완전한 개체일 뿐이나,
죽음으로 탈개체화하여 속박되지 않는 영적 삶이 허락된다네.
그러므로 죽음 이후의 삶은 영적으로 존재한다네.
왜냐하면 화려한 저택을 파괴하는 죽음이

• 얼 바서만(Earl R. Wassermann): 영미의 낭만주의 문학사가 겸 비평가. -역주

유기적 존재를 파멸하기 위해 내부로 작동하는 대신

영혼으로 하여금 '밤의 어둠을 날아 오르도록' 해주기 때문이라네.

따라서 육신의 파괴로 보이는 것이 영혼 불멸의 증거가 된다네.

우리가 '삶'이라고 부르는 것은 썩어 없어지는 것.

그렇기에 세상에 갇혀 죽을 운명에 처한 상황은

영원한 실재라는 광휘를 가린다네.

그러나, 죽음의 그림자나 물질이 아닌 유일하신 실재에 통합된

부활한 영혼은 참 모습을 드러내어,

자신을 널리 우주에 퍼지게 하나니.

어디에나 있는 궁극의 실재는 영이기 때문이라네…

필멸의 대기층이 없어지면 인간은 깨닫게 되리.

'유일하신 실재'만이 남으시며

'천국의 빛이 영원히 비추임을.'

낮과 밤이 하나이고, 삶과 죽음이 하나이며

새벽별과 저녁별이 하나임을.

그리고 이 땅의 삶과 사후의 영원한 삶의 궁극적 진실은

영으로 존재하는 유일하신 실재임을.

그러므로 이승과 사후의 삶이 영적으로는 동일함을 마침내 깨닫

게 되면

'삶과 죽음' 같은 상반된 구분을 하지 않게 된다네.

'하나임'이 '시간과 무상함을 꿰뚫고

언제나 똑같이' 빛을 발하기에.

그러고 나서 그는 또 말한다.

죽음의 심연으로 두려움 없이 가는 법을 배우라.

죽을 운명인 육신의 존재가 끝나는 곳에서

영적 존재가 시작되기에.

죽음으로 부활한 영혼은 밤의 어둠을 날아 올라

변하지 않은 유일 실재로 다시 태어나나니.

예언자 모하메드 역시 삶 속에서의 죽음에 대해 비슷한 문구로 이야기한다.

이와 같은 죽음은 그대를 무덤으로 데려가지 않고,

어둠에서 빛으로 인도하리라.

그러니 육체를 초월하여 날마다 죽는 법을 배우라.

사람이 자기 안에 존재하는 인간을 초월하는 법을 배우게 되면 스승이 빛나는 형상으로 나타나서 그 영혼이 참된 고향으로 돌아가도록 도와주며, 살아 있는 동안뿐만 아니라 육신이 버려진 이후에도 계속해서 더 높은 차원으로 인도해 준다. 이에 대해 나낙은 이렇게 말했다.

오, 나낙아! 세상의 덧없는 인연을 모두 끊어버리고
참다운 친구가 되어줄 성인을 찾으라.
세상 인연은 살아 있는 동안 너를 떠나나,
성인은 이곳을 떠난 뒤에도 네 곁에 서 있으리니.
사트구루의 지침을 따르고, 진리를 붙잡으라.
그에게 진실하면, 그가 마지막까지 네게 진실하리라.

또한 이슬람의 수도사도 말했다.

아, 용감한 영혼이여! 그의 옷자락을 꼭 잡으라,

그는 진실로 온 세상을, 이곳과 영계를 넘어섰노라.

성서에도 이렇게 기록되어 있다.

보라! 내가(그리스도의 권능이) 세상 끝날까지 너희와 함께 하리니, 너희를 떠나거나 저버리지 아니할 것이니라.

이렇게 해서 우리는 인생의 가장 큰 사명을 완수하고 삶의 완전함을 체험하게 된다. 이는 '자아'를 '참 자아'와 만나게 해주어 세상사의 가시덩굴에서 벗어나게 해주며 이때 필요한 것은 성별, 연령, 직업, 종교적 성향, 그리고 혈연과 계급, 인종, 신념에 근거한 사회적 계급과 무관하게 이러한 체험을 나누어주는 '스승으로 온 영혼'의 적절한 안내와 도움이다. 영혼은 부지불식 간에 자신의 둘레에 쳐놓은 창조된 자아와 투사된 자아의 개성이라는 거짓된 후광을 벗어 던져야 한다. 모든 피조물에 대한 사랑을 잃고 순수한 영이 되지 못한다면, 창조주가 주신 지복으로 가득한 삶을 향유할 수 없다.

4장

죽음의 노예

참 스승을 사랑하고 참된 부를 얻으라.

마지막까지 그를 믿는 자, 스승이 진정 그를 구원하리.

헤매는 요정처럼, 마음에 묶여 위아래로 배회하니

인간의 형상을 한 동물이로다, 완전히 빛을 잃었으니.

- 말라 와르. 1.

사실상 죽음은 삶을 뒤따르고 삶은 죽음에서 시작된다. 외형을 지닌 삶의 끝이라고 할 수 있는 죽음은 단지 다른 외형을 지닌 삶의 전조일 뿐이며, 대개는 전보다 높은 의식 수준과 더 낮고 우호적인 환경에서 살아가게 된다. 진화란 생명의 법칙이며 영질靈質, spirit-matter에 잠재된 가능성을 능동적으로 개화시키는 것이다. 여기에는 그 진행 과정에서 영질이 점차 유연하고 투명해지는 진화뿐만 아니라 광물에서 인류로 형태가 바뀌는 진화, 그리고 최종적으로는 자아 의식을 확장하는 진화도 포함한다. 소위 죽은 물질이라고 하는 것은 그 안에 있는 에너지가 일정 기간 동안 응결되어 있는 상태이지 실제로 죽은 것은 아니다.

낡은 옷은 이미 그 쓰임을 다했으므로 벗어버리고 새 옷으로 갈아입어야 하며, 이때 새옷은 입는 이가 가장 바라는 모습으로 만들어진다. 이것이 자연의 섭리요, 신의 작품이다. 친절한 아버지 신께서는 아이가 열렬히 소망하는 바를 얻도록 명했노라고 전해진다.

지고의 주는 지상에서의 삶에 필수적인 요소들, 즉 사랑, 빛, 생명, 그리고 여기에 필수 부속물인 물, 불, 태양, 공기, 공간 등이 더해져 생명을 유지하는 데 필요한 것들을 아낌없이 주고 모두에게 대가 없이 베풀지만, 사람은 각자의 필요와 수준에 따라서 그것을 받게 된다. 그가 베푸는 것은 헤아릴 수도 없고 끝도 없으며, 인류는 오랜 세월에 걸쳐 다양한 방법으로 그에 의지해 살아왔다. 끝없이 선물이 주어짐에도 이에 만족하지 못하는 인간은 항상 더 많은 것, 곧 금과 은, 생활의 편리나 기타 모든 것들을 바라기만 하며 끝없이 더 얻기 위해 몸부림치며

애쓴다.

인간은 주의 은총으로 얻은 모든 것에 감사하지 않고 자신을 저주하며, 더 낮고 부유한 환경에서 사는 사람들을 저주하고, 하늘의 별을 저주하며, 자신의 행동으로 빚어진 자기 운명에 대해 아무 망설임 없이 가시 돋친 말로 불평하고 비판한다.

"그 많은 것을 갖고도 동전 한 닢에 넋을 잃는구나."

인간으로서 살아갈 수 있다는 것은 위대한 특권이며, 진귀한 자산이요 축복이다. 무한히 긴 시간 동안 진화의 과정을 거쳐서 오는 것이다. 그것은 내면에 감춰져 있어서 우리가 거의 알지도 못하는 영성의 부를 축적할 기회이다. 그러나 대다수의 사람들은 헛되고 불필요한 것들, 곧 이 세상의 감각적인 즐거움을 좇으며 참된 행복을 추구하지 않는다.

이렇게 짧게 스쳐가는 감각적인 즐거움, 얻게 될지 말지도 모르는 즐거움을 위해 인류는 수단과 방법을 가리지 않고 하늘과 땅을 뒤바꾸고, 심지어 목숨까지도 기꺼이 버리며, 이를 위해 부당한 방법을 택하고 이를 얻으려 시도하면서 슬픔을 느끼며, 또한 이러저러한 이유로 깊이 후회하면서 삶을 마치는 경우도 있다.

자연은 자신의 계획과 목적에 있어 낭비라는 것이 없다. 사람은 생각하는 그대로 되는 것이다. 우리의 느낌과 감정, 생각과 열정, 바라고 갈구하는 것들은 육신이 죽을 때 함께 사라지지 않는다. 이것들은 물질적인 망토 안에 입은 속옷인 아스트랄체가 된다.

또한 그 안에 있는 영혼은 또 다른 껍질, 귀중한 보물 금고인 씨앗 몸, 즉 원인체 안에 쌓인 카르마의 씨앗을 끌어당기는 옷을 입게 된다. 바로 이 원인체가 엄청난 자원을 이용하여 그 안에 사는 영이 새로운 육신의 거처, 새로운 껍질을 만들도록 도와주는데, 이때 원인체는 무의식적 자아가 가장 바라는 것을 충족시키기에 가장 적합한 새 운반 기구를 만들어내게 해준다.

우리가 삶의 무대에서 사라져 없어지기 전 마침내 장막이 걷히면서 모든 생애의 아주 세세한 것까지 주마등처럼 스쳐 지나간다. 우리는 죽기 직전에 진실의 단면이나마 볼지 모르나, 그것을 이해하기에는 너무 늦은 것이다. 이러한 과정이 반복되면서, 지상에서의 삶이 끝날 때마다 '삶과 죽음의 수레바퀴'에는 더욱 관성이 붙게 되며, 우리는 여기에 자연히 발생되는 부산물, 때로는 좋고 때로는 나쁜 기쁨과 슬픔, 행복과 불행의 멈출 수 없는 소용돌이 속을 회전하게 된다. 이는 우리가 지상에서 얻은 모든 것으로도 결코 만족하지 못하고 새로운 것을 바라고 욕망하며, 여기에 이루지 못했던 것에 대한 회한이 더해지기 때문이다. 그리하여 인간은 자기도 모르는 사이에 용의 이빨•을 끊임없이 심게 되고, 그림자처럼 발꿈치를 따라다니는 길들여지지 않은 복수의 세 여신이나 복수의 영들로서 자신이 기른 무장한 무리들과 스스로 일으킨 전쟁을 치르느라 세세생생 시

• 용의 이빨(dragon's teeth): 그리스 신화에 나오는 이야기로. 테베 왕국을 세운 카드모스가 자기 부하들을 죽인 용을 처치한 뒤 이빨을 다 뽑아서 땅에 묻자 모두가 중무장한 병사들로 변하여 그를 공격했고, 카드모스가 그들 가운데로 돌을 던져 위기를 모면하자 저희들끼리 싸우다가 소수만 살아 남았다고 한다. -역주

간을 허비하게 된다.

자연의 섭리는 도공의 돌림판처럼 각 사람에게 다양한 모양의 질그릇을 하나씩 주어 지상에서 살아갈 방법을 제공함으로써 각자가 갖고 있던 채워지지 않는 갈증과 기대를 누그러뜨린다. 머리끝에서 발끝까지 셀 수 없이 많은 욕망으로 가득한 인간은 스스로 노예가 된다. 욕망이 없다면 인간은 신성을 즐겼으리라. 결국 인간이란 무엇인가? 신에 욕망을 더한 존재이다. 또한 반대로 신이란 무엇인가? 인간에서 욕망을 뺀 존재이다.

위대한 철학자이자 시인인 윌리엄 워즈워드(1770~1859년)는 기념비적 작품 〈어린 시절에 대한 회상으로 영생 불멸을 깨닫는 노래〉에서 성장하는 아이의 모습을 아름답게 그려냈다.

우리와 함께 떠오르는 영혼, 우리 생명의 별은, 어디에선가 지고 난 후에,
저 멀리에서 나타나노라.
완전히 망각한 상태나,

완전히 벌거벗은 채로가 아니라,

영광의 구름을 이끌며 우리는 오노라.

우리의 본향 신에게서.

아기일 때, 천국은 가까이에 있다!

자라나 소년이 되니

감옥의 그림자들이 뒤덮이기 시작하나,

대지는 무릎을 자신의 즐거움으로 채우노라.

그 본연의 것에 대한 열망으로,

또 심지어 모성애 같은 뭔가와,

그럴싸한 목적으로.

대지의 유모는 최선을 다해, 자신의 양자

곧 거주자 인간이 전에 알던 영광을 잊게 하고

그가 살았던 황궁을 잊게 하려 하는구나.

이것이 우리가 매일 목격하는, 지상에서의 비참한 삶을 보여
주고 있다. 운명에 정해진 대로 잔뜩 가졌음에도 여전히 굶주
려 하며, 점점 더 많은 부와 권력, 헛된 즐거움과 감각적 쾌락을
게걸스레 갈망한다. 우리는 자연의 풍요로움에 감사하기는커

녕 '앞뒤를 돌아보며, 있지 않은 것을 그리워한다.' 자연의 섭리
는 채워지지 않는 우리의 식탐을 조용히 바라보지 못하기에 키
르케*처럼 마법의 지팡이로 인간을 돼지로 만들어 헛소리로
배를 채우게 한다. 오직 지혜로운 율리시즈가 머큐리(신의 사자
使者)에게 받은 마법의 꽃으로 무장해야만 마녀와 대항해 싸우
고 자신을 따르는 무리를 구해내어 돼지에서 다시 사람으로 되
돌리며, 마녀가 각각의 기질에 따라 다른 모습으로 만들어 놓
은 포로들을 풀어줄 수 있다. 삶을 지배하는 열정은 현재의 삶
뿐만 아니라 다음 삶의 행로도 결정하는 요소가 된다.

　이제 죽음이라 불리는, 피할 수 없는 변화의 과정을 살펴보
자. 한 가지 형태의 삶에서 다른 형태의 삶으로 전환되는 이 과
정은 필연적인 삶의 부속물이며, 정해진 시기에 일어나지만 갑
작스럽고 놀랍게 다가오며, 예기치 못한 경우일수록 더욱 그렇

• 키르케(Circe): 그리스 신화에 나오는 마녀로 아이아이 섬에 들어오는 사람들마다
마법을 걸어 동물로 변하게 했는데, 율리시즈만은 헤르메스 여신이 준 신비의 꽃을
품고 가서 키르케의 마법을 피하였으며 돼지로 변한 부하들도 구출해 냈다고 한다.
-역주

다. 죽음은 예정되어 있지 않고 누구도 죽음을 예측할 수 없으며, 제아무리 빼어난 재치와 재주가 있다 해도 죽음에서 벗어날 수는 없다. 살아 있는 모든 존재에게는 주어진 수명이 있다. 우리는 모두 살면서 움직이고 존재하다가 모래시계의 시한이 다되면 이 변화를 맞이하게 되며, 이것은 우리가 시간의 경계선을 넘어서 무한의 영역으로 올라가기 전까지 계속 반복된다.

그렇기에 죽음은 끔찍스러운 현실이며 피할 수 없는 사건이다. 죽음은 아마도 비현실성으로 가득한 세상에서 유일한 현실일지 모른다. 부유한 이든 가난한 이든, 왕이든 거지이든, 젊은 이든 늙은이든, 건강한 이든 병든 이든 모두가 좋든 싫든 죽음의 문을 통과해야 한다. 인간은 장수하기도 하고 단명하기도 하며, 백 년을 살기도 하고 잠시밖에 살지 못하기도 한다. 그러나 인간이 영원히 똑같은 모습으로 계속 살 수 없는 까닭은, 시간이 지나면 육신이 반드시 쇠하고 피곤한 짐이 되며 문자 그대로 '맷돌을 목에 건' 형국이 되어, 진짜 절망에 빠진 인간은 자신에게 매달려 있는 무거운 짐에서 어서 벗어나고자 울부짖게 되기 때문이다.

왕도 거지도 머무를 수 없나니,

모두가 정해진 때에 가느니라.

- 람칼리 M.1.

그러므로 이슬람 탁발승은 충고한다.

살아 있는 동안 줄곧 남의 죽음을 애도했으니,

잠시 자신의 운명을 생각해 봄이 어떠하리?

죽음은 고통스러운 과정인가? 하는 것이 그 다음 의문이다. 일반적인 경우에는 그렇다고 말할 수 있다. 경전에서는 죽어가는 사람이 겪는, 고문과 같은 고통에 대해 말하고 있다. ≪바그와드 프라나≫에는 죽음의 고통에 대한 공포를 가리켜 마치 동시에 백만 마리의 전갈에게 물리는 듯하다고 묘사하고 있다. 성 코란에서는 죽음의 진통을 '창자가 한쪽 끝에서 다른 쪽 끝까지 가시가 무성한 울타리에 찔리는 듯한 상태'라고 비유하고 있다. 시크 경전에서는 같은 어조로 이렇게 말하고 있다.

"생명의 흐름이 비틀려 빼내어진다."

이러한 모든 문구는 죽음의 사자가 나타나서 억지로 영혼을 육체에서 빼내어 갈 때 겪는 고통이 얼마나 큰가를 보여주는 예시에 불과하다. 그때 실제로 어떤 일이 일어나는지는 오직 죽는 사람만이 알 뿐이다. 실제로 죽음을 맞이한 사람은 어느 누구도 사후 세계의 경계를 건넜다가 되돌아와서 최후의 고통이 어떤 것인지 정확히 말해주지 않았다. 각각은 스스로 고통을 받고 영원히 잠들 뿐이다. 임종에 이르는 것은 실제로 십자가에 못 박히는 일이며, 임종의 방은 납골당이다.

임종시 극도의 고뇌에 몸을 뒤틀고 목에서 가래 끓는 소리를 내며 며칠을 쉴새 없이 몸부림치는 사람을 보고 태연히 있을 수 있는 사람은 거의 없다. 누가 죽음의 고통을 달래주겠는가? 모두가 힘없이 바라볼 뿐이다. 최고의 의사는 마지막까지 약을 주고, 간호사들은 발끝으로 걸으며, 가까운 친족들은 눈물을 머금고 수심에 가득 차고 우울한 표정으로 피해 갈 수 없는 마지막을 기다릴 뿐이다. 누가 가엾은 피해자와 그 인생의 동반자인 아내와 아이들의 애처로운 외침에 귀를 기울이겠는가?

아내가 머리카락을 흩뜨린 채 한탄할 때,
외로운 영혼은 홀로 길을 가는구나.

- 카비르

마케도니아의 왕이자 시대의 정복자로 알려졌던 알렉산더 대왕(기원전 356~323년)에게는 '오직 땅이 무쇠가 되고 하늘이 금이 될 때' 죽음을 맞이하리라는 예언이 내려졌다고 전해진다. 왕은 이 두 가지 상황 모두 불가능하다고 여겼기에 자기가 영원히 살리라는 그릇된 믿음을 품게 되었다. 왕은 올림포스 산의 신처럼 자신도 죽지 않으리라고 상상하고 믿었다. 왕은 극동 지역을 향한 길고 고통스러운 출정 이후 그리스로 돌아가는 도중 바빌론 근처의 사막을 지날 때 고열에 시달리게 되었다. 말 안장조차 붙잡을 수 없게 된 왕은 다른 사람의 도움을 받아 말에서 내렸다. 그때 어떤 장군이 안쪽에 우단을 댄 무쇠 갑옷을 땅에 펼쳐놓고 그 위에 왕을 눕히고서, 금으로 수놓은 우산을 펼쳐 강렬한 사막의 태양이 왕의 얼굴을 태우지 못하게 막 아주었다.

바로 그때, 수많은 전쟁의 영웅이자 '불패의 정복자'였던 알렉산더 대왕은 쇠로 된 땅 위에 누워서 황금 차양을 머리 위에 두었으니 마지막이 가까웠음을 깨닫게 되었다. 왕은 대경실색했다. 그는 눈물을 머금은 채 자신을 보살피는 최고의 의사들에게 좀더 살게 해 달라고, 그리하여 집에 돌아가서 그토록 사랑하는 어머니를 만나게 해달라고 간청했다. 그러나 그들 모두는 그렇게 할 수 없다고 했다. 그러자 왕은 우선 나라의 절반을 주겠다고 제의했고, 나중에는 의술을 이용하여 그만큼만 죽음을 뒤로 미루어준다면 온 나라를 주겠다고 말했다. 그러나 신의 섭리를 어길 수 있겠는가? 왕이 병상에 누운 지 열흘째 되던 날 장군들이 한 명씩 죽어가는 왕의 장막에 들르자 알렉산더 왕은 이별을 고하며 명하기를, 장례식에서 자신의 두 손을 모두 관 밖으로 내놓아 위대한 황제도 태어날 때와 마찬가지로 빈손으로 떠났음을 볼 수 있게 하라고 했다.

이와 유사한 예로 거대한 왕국을 통치하던, 재능 있고 위대한 여왕의 이야기를 꼽을 수 있다. 여왕은 눈부신 아름다움으로 사람들에게 사랑을 받았고, 총명함으로 존경을 받았다. 여왕은 지혜롭고 훌륭하게 오랫동안 나라를 다스렸다. 수백 명의 신하를 거느리며 호화스럽게 살아온 여왕은 '죽음'이라는 것이 있다는 사실을 한순간도 믿지 않았다. 마지막이 다가오자, 여왕은 큰 슬픔과 통렬한 비탄에 빠지고 말았다. 가까이 있던 왕궁 의사들도 여왕의 두려움과 고통을 달래주지 못했다.

죽음이 여왕의 얼굴을 응시할 때, 의사들이 여왕을 위로하려 애쓰며 마지막 여행을 준비하는 것이 좋겠다고 말했다.

"뭐라고!?"

공포에 질린 여왕이 외쳤다. 어디로 간단 말인가, 여왕은 알수가 없었다.

"슬프도다! 돌아올 수 없는 땅으로 가시는구나."

이것이 대답이었다. 여왕은 자기 귀를 의심했다.

"내가 꿈을 꾸고 있는 게냐?"

여왕이 물었다.

"아닙니다, 여왕님은 떠나셔야 하옵니다."

"돌아올 수 없는 땅이 있더냐? 있다면 어디란 말이냐?"

"이 세상에서 아주 먼 곳이랍니다."

신하들이 말했다.

"나를 위해 그곳이 어딘지 찾아냈겠지? 또 내가 거기에 머무는 동안 편안하게 지내도록 무엇을 준비했느냐?"

여왕이 물었다.

"아무것도 하지 못했습니다, 여왕님."

"몇 명이나 나와 함께 갈 것이냐?"

겁에 질린 여왕이 물었다.

"여왕님, 혼자서 가셔야만 하옵니다."

신하들이 말했다.

"수행원은 몇 명이나 데려갈 수 있느냐?"

"아무도, 한 명도 아니되옵니다."

이렇듯이 우리는 삶의 진실을 모르고 있다. 우리는 세상의 일에 대해서는 아주 현명하다. 그러나 이상한 말처럼 들리겠지만, 모두를 기다리고 있는 가혹한 응보에 대해서는 거의 알지 못한다. 그리고 다른 모든 존재들처럼, 우리는 혼자서 빈손으로 가야 한다.

'벌거벗고 나왔은즉, 그 나온 대로 돌아가노라.'

- 전도서 5장 15절

이것이 실상 우리 모두가 피해갈 수 없는 운명이다. 우리는 울면서 세상에 오고, 울면서 세상을 떠나는 것이다. 울면서 세상에 오는 것은 이해할 수 있다. 갓 태어난 아기가 모태에서 나올 때 우는 것은, 잉태 기간 동안 거꾸로 매달린 채 있어야 하는 아기를 유지시켜 준 빛의 빛, 생명의 빛이 끊어져버리기 때문이다. 이런 까닭에 아기가 태어난 처음 며칠 동안은 무엇으로든 불을 켜두는 것이다. 우리는 아기가 울 때마다 그 빛을 보여주거나, 때로는 딸랑이를 흔들어서 아기가 잠잠해지도록 한다.

그러나 사랑하는 아버지의 품으로 돌아가기 위한 길을 가게 되는 마지막에는 왜 울어야 하는가? 그 목표를 향해 노력하여 우리의 의식이 생명줄에 다시 연결될 기회는 열려 있었다. 우리는 생각 없이 이 기회를 잡지 않았고, 그리하여 요람에서 무덤까지의 삶을 낭비해 버린다. 일단 기회가 지나가면, 인간은 낮은 등급으로 내려가게 된다.

사다리의 맨 끝에서 떨어지면 치명적인 경우가 많다. 살면서 맺었던 사람들과의 관계, 수년에 걸쳐 맺은 그 관계를 툭 끊어버린다는 것은 고통스러운 일이며 떠나감은 끔찍하리만큼 엄격하니, 갑작스레 찾아온 사망 선고에 대해 전혀 준비되어 있지 않기에 더욱 그러하다. 우리는 세들어 있는 집에서 어떻게 나와야 하고 어디로 가야 하는지 모른다. 삶의 끝에 찾아오는 죽음, 곧 미지의 차원으로 던져진다는 생각은 인간을 혼란스럽게 한다. 이 모든 것이 공포, 상상하기 힘든 극도의 공포를 조성한다. 이런 까닭에 다음과 같은 말이 전해진다.

그대 주변 사람들의 축하를 받으며 울면서 태어난 날을 기억하라. 모두가 우는 가운데 웃으면서 떠날 수 있는 삶을 살라.

신비주의 시인인 프란시스 퀼스(1592~1644년)는 죽음에 대해 이렇게 말했다.

"사망을 친구라 여긴다면, 즐겁게 해줄 준비를 하라. 사망을 원수라 여긴다면, 이길 준비를 하라. 사망은 오직 낯선 자로 다가올 때만 두려운 것이라."

여기서 동양과 서양이 죽음을 바라보는 시야가 다르다는 사실이 드러난다. 성 바울은 죽음을 '인간의 마지막 원수'라 묘사했다.

"나는 매일 죽노라."

- 고린도전서 15장 31절

그런 뒤 사도 바울은 조소하듯 물었다.

"사망아, 너의 쏘는 것이 어디 있느냐? 무덤아, 너의 이기는 것이 어디 있느냐?"

- 고린도전서 15장 55절

동양의 석학들은 죽음을 사랑하는 이와의 만남으로 여기고 이를 맞이하는 태도를 보인다. 그러나 결론은 양쪽 모두 같다. 죽음은 오직 갑작스럽고 신속하게, 고대하는 친구도 무서운 적도 아닌, 기대하지 않은 낯선 자로서 찾아올 때, 또한 우리가 그 도전을 받아들이거나 죽음을 맞이할 준비가 전혀 되지 않았을 때에만 유리한 위치에 서게 되는 것이다.

죽음에 대비하고 언제라도 그것을 맞이할 준비가 된 사람은 죽음을 고향으로 돌아가는 일이며 사랑하는 이와 다시 만나는 방편으로 생각한다. 진정 신을 사랑하는 자가 이단으로 몰려 사형을 당할 때조차 쾌활하게 머리를 눕히고 간청하듯 집행인을 부르며 그 칼로 어서 보내 달라고 기도하는 것은, 검에 비춰진 사랑하는 이(신)의 빛을 보기 때문이다. 결국 죽음이란 무엇인가? 에우리피데스는 말했다.

"죽음은 우리 모두가 갚아야 하는 빚이노라."

상황이 이렇다면, 왜 빚을 갚고 의무에서 해방되지 않는가? 육신은, 영혼이 응보의 법칙에서 궁극적으로 해방되기 위해서 갚아야 하는 몸값 또는 지참금이다.

사후에 어떤 일이 일어나는가에 대한 개념을 알기 위해 경전의 도움을 빌려보기로 한다. 스승들은 인류를 네 부류로 나눈다. 첫 번째 부류는 산트 사트구루를 안식처로 삼는 행운을 얻지 못한 사람들이며, 여기에 해당되는 사람의 수는 엄청나다. 그들은 모두 홀로, 친구도 동반자도 없이 영혼 혼자서 가야 한다. 이러한 영혼은 모두 정의의 신(다람 라즈) 앞에 나아가 그의 명에 따라야 하는데, 정의의 신은 '뿌린 대로 거두리라.'라는 원칙에 따라 엄격한 정의를 행사하며, 여기에는 어떠한 자비나 동정도 없다. 이것이 가차 없이 작용되는 무정한 카르마의 법칙이다. 카르마의 법칙은 어떠한 특별한 상황도 고려하지 않으며 예외도 허용하지 않는다.

"계급과 피부색은 그곳에서 모두 헛되니 행위에 따라 보상을 받노라."

– 아사 M.3.

"사람의 행위가 자기 보기에는 모두 정직하여도 하느님은 심령을 감찰하시느니라."

누구도 알지 못하는 약속된 시간에 선의의 천사(람간 ramgans)나 악의의 천사(얌간yamgans)가 나타나서 영혼을 육신에서 강제로 빼어내며, 이 사람들은 그들을 따라가야 한다. 천사들은 영혼을 심판대까지 인도하고, 각각의 영혼은 생각과 말과 행위에 따라 결산을 하게 된다.

"어리석도다, 보스웰*이 없어 그대 뱉는 말 기록할 자 없으니 뱉은 말이 죽어 묻히리라 생각하는가? 무엇도 죽지 않나니, 그럴 수 없노라. 그대가 무심결에 내뱉은 말조차 시간에 붙잡힌 씨앗이니, 영원토록 열매를 맺으리라.

– 토마스 칼라일*

• 제임스 보스웰(James Boswell): 18세기 영국의 전기작가로 새뮤얼 존슨의 전기를 쓴 것으로 유명하다. –역주
• 토마스 칼라일(Thomas Carlyle): 영국의 역사학자. –역주

예수도 명확한 말로 이렇게 선언했다.

"내가 너희에게 이르노니, 사람이 무슨 무익한 말을 하든지, 심판
날에 이에 대하여 심문을 받으리니. 네 말로 의롭다 함을 받고 네
말로 정죄함을 받으리라."

– 마태복음 12장 36, 37절

모든 생각과 느낌과 감정, 의도적이든 무심결에든 내뱉은 모
든 말, 그리고 계획적이든 우연하게든 행했던 모든 행위는 마음
판에 지울 수 없는 인상을 남기고, 우리는 사후에 이것을 청산
해야 한다. 이것은 모두 즉결 재판의 절차를 따라가지만 더 높
은 힘에 상소할 이유나 논쟁이나 청원의 여지도 없고, 여기에서
해방될 가능성도 없다.

평생 죄스러운 행위를 했던 사람은 지옥(나라크Narak 혹은 도
자크Dozakh)으로 가서 그 행위에 따라 특정 시간 동안 중징역을
살게 되고, 그럼으로써 그를 위해 작용하는 법칙을 이해하고 사
악한 인상을 지우게 된다. 영혼은 정해진 시간이 지나면 다시

태어나서 이제 씻겨진 죄악에서 자유로워져 변화된 삶을 살아가게 되며, 과거와 같은 실수를 범하지 않도록 새롭게 시작할 기회를 부여받게 된다.

선한 삶을 영위한 사람은 천국 혹은 낙원(스와르그Swarg, 바이쿤드Baikunth 혹은 바히쉬트Bahisht)으로 가서 정해진 시간 동안 선행의 대가를 받은 뒤, 그 역시 다시 지상 세계로 내려오게 된다.

그러므로 카르마라는 삶의 수레바퀴에 자리잡고 앉은 영혼은 모두 자신의 행위로써 수레바퀴에 끊임없는 관성을 부여하여 올라가고 내려감을 반복한다. 우리가 영원히 돌아가는 거대한 수레바퀴에서 벗어난다는 것은, 신의 가호로 산트 사트구루를 만나고, 그가 영혼을 받아들여 신에게 가는 길로 가도록 도와주기 전에는 불가능하다.

하계의 왕 플루토의 명부에서 나온 영혼은 광물에서 식물의 세계로, 그런 뒤 곤충과 파충류의 세계로, 다시 날개 달린 동

물의 세계로, 다음에 네발짐승으로, 마지막으로 인류로 점차
진화하게 된다.

> 84개의 수레바퀴를 거친 뒤에야 그대는 정상에 이르렀나니.
> 오, 나낙아! 이제 신의 권능을 붙잡고 영원히 자유로워지라."
>
> – 스리 라그 M.5

심지어 데바와 신들, 지복의 영역을 다스린다는 천신들과 여
러 낮은 신과 여신들조차 낮은 차원에서 쌓은 높은 공덕으로
그곳에 가게 된 것이다. 쌓아둔 공덕이 끝나자마자 그들 역시
물질 세계로 돌아와야 한다. 존경받는 복된 주 크리슈나도 헌
신적인 제자 우다브에게 카르마의 법칙을 설명할 때 오물 속을
기어가는 벌레를 가리키며 말했다.

"오, 우다브야, 네가 지금 보는 저 벌레는 천둥과 비의 신 인드라였
던 적도 많았고, 지금처럼 땅 위를 기어다녔던 적도 많았느니라.
이것이 모두의 운명이거늘."

심지어 신의 권능이 육화된 화신들인 아바타들도 무자비한 카르마의 수레바퀴와 심판에서 벗어날 수 없다. 군대의 군인처럼, 아바타도 직업상 군법에 따라 자신의 의무를 행한다고 해서 민법 상의 법적 책임에서 면제되는 것은 아니다. 만일 그가 상사의 명령에 따라 의무를 다한다 해도 이는 군법에 따른 것이며, 더불어 민법에 따라 그 의무를 행해야 한다. 두 가지 의무가 주어지는 것이다. 하나는 군법에 의한 것, 다시 말해 상사의 명령에 무조건 따르는 것인데 이를 어길 경우 군법 재판에 회부당하는 고통을 받아야 하며, 다른 하나는 민법에 의한 것으로서 의무를 행하는 과정에서 군 통솔의 한계를 넘어섰을 때 적용된다.

그러므로 낮은 신과 여신들, 다양한 신의 힘의 화신들은 카르마의 법칙이 존재하는 한 이 범주에 속하게 된다. 천사를 포함한 이들 모두는 모든 특권을 가지고 있음에도 불구하고 인과법의 지배를 받으며 이를 벗어날 수 없다. 바로 이런 까닭에 그들도 계속되는 수고와 투쟁에서 벗어나기 위해 인간으로 태어나 영원한 평화와 생명의 거처로 갈 가능성을 얻기를 바라는 것이다.

위대한 리쉬Rish들조차 그 모든 고행과 참회에도 불구하고, 정해진 시간이 가까워지면 천국에서 빛나는 존재로서 살아가기보다 인간의 육신을 받고자 한다. 리쉬들이 이렇게 하는 이유는, 인간이 되어야만 사트구루를 만나 그에게 가르침을 받고 매정한 인과의 법칙 혹은 작용과 반작용의 법칙 위로 날아 올라갈 수 있는 가능성이 생기기 때문이다.

아르주나와 다르마의 화신인 유디스트라를 제외한 판다바 형제들 같은 영웅들이 다른 누구도 아닌 축복받은 크리슈나의 명으로 전쟁을 일으켰고 그것이 의로운 전쟁이었음에도 그 일 때문에 명부로 떨어진 까닭은, 전쟁 중에 크리슈나가 권고를 했는데도 자신이 행위자라는 생각을 떨쳐버리지 못했기 때문이었다.

또한 크리슈나는 사냥꾼이 쏜 화살에 우연히 맞아 죽음을 맞이하게 되는데, 그것은 오래 전 그가 라마였을 때 나무 뒤에 숨어 활을 쏘는 책략으로 숲의 왕자였던 불패의 발리를 죽임으로써 생긴 과거의 카르마를 갚기 위해서였다고 한다. 라마와 크리슈나는 둘 다 다른 시대에 나타난 비쉬누의 화신이었다.

이와 유사하게 라마의 아버지인 다스라드 왕은 어느 날 밤 숲에서 사냥을 하던 중 근처에 야생 동물이 있는 갈대 수풀 사이에서 물을 핥아먹는 소리와 같은 꿀꺽거리는 소리를 들었다고 한다. 소리를 따라가던 왕은 그 방향으로 화살을 겨냥하여 쏘았는데 화살에 맞은 것은 사르반이라는 한 젊은이로, 그는 주전자에 물을 담아 등짐으로 지어 나르기 위해 강가로 왔는데 목말라 하는 눈먼 부모를 저만치에 두고 막 그곳에 도착한 참이었다. 가련하고 고뇌에 찬 젊은이의 비명 소리를 들은 왕은 죽어가는 젊은이에게 황급히 달려갔고, 젊은이는 자신의 처지를 말하면서 부모에게 물을 가져다 달라고 부탁했다. 왕은 슬퍼하며 노부부에게 물을 가져가서 불상사가 일어났다고 이야기해 주었다. 부부는 충격을 이기지 못하고 운명을 한탄하며 죽어가면서 이러한 죄를 범한 미지의 죄인, 곧 왕에게 똑같은 운명이 찾아오게 해달라고 기도했다. 시간이 지나 왕도 같은 운명을 맞이하게 되었으니, 아들 라마가 14년이라는 긴 시간 동안 추방당하게 되자 헤어짐의 고통으로 고뇌하다 죽어간 것이다. 이것이 네메시스*가 각자 받아야 할 것을 되돌려주는 방식이다. 그러므로 각자는 각각의 방식에 따라 세상에 와서, 카르마의 강제력으로 '사망의 골짜기'로 떨어지게 된다.

두 번째 부류에 속하는 사람은 살아 있는 완전한 스승을 만나고 그에게 받아들여지며 비전적 영혼의 과학에 입문하지만 이러저러한 이유로, 감각적 쾌락에 빠졌기 때문이든 게으름 때문이든 혹은 다른 이유 때문이든, 성스러운 말씀과 이렇다 할 교류를 하지 못한 경우이다.

이들은 첫 번째 부류와는 입장이 다르다. 사망시 이 입문자들의 영혼의 흐름이 육신에서 빠져나오기 시작할 때나 또는 그보다 조금 앞서서 사트구루가 빛나는 형상으로 내면에서 나타나 떠나는 영혼을 데려가는 것이다. 스승의 빛나는 형상은 제자의 가슴을 기쁘게 하고, 제자는 그 형상에 몰입하게 되니 세상의 모든 집착이 낙엽 떨어지듯 사라져 버리게 된다. 그러면 제자는 두려움 없이 기쁨을 느끼며 스승을 따라 '사망의 음침

• 네메시스(Nemesis): 그리스 신화에 나오는 율법의 여신으로 정의로운 분노와 공정함으로 인간에게 행복과 불행을 분배한다고 한다. -역주

한 골짜기'로 들어간다.

"내가 사망의 음침한 골짜기로 다닐지라도 해를 두려워하지 않을
것은 주께서 나와 함께하심이라."

– 시편 23장 4절

그리고 이것은 진정 그의 서약이다.

"사람아, 내가 그대와 함께하며 그대를 안내하리라. 가장 필요할
때에 그대 곁에 있으리라."

또한,

"그가(그리스도의 권능이) 친히 말씀하시기를, '내가 너희를 버리
지 아니하고 너희를 떠나지 아니하리라' 하셨노라."

스승은 제자의 일상을 쉬지 않고 주시한다. 그는 행복할 때
나 불행할 때나 제자와 함께한다. 나낙은 말했다.

"스승은 심판대 앞에서도 제자와 함께하노라."

스승은 제자의 행위를 셈하지 않는다. 스승은 가장 중요한 존재이고, 제자가 의롭든 그렇지 않든 제자의 행위를 심판하고 결정하는 유일한 존재이며, 자신이 가장 합당하다고 여기는 대로 행한다.

"아버지께서 자기 속에 생명이 있음 같이 아들에게도 생명을 주어 그 속에 있게 하셨고 또 인자됨을 인하여 심판하는 권세를 주셨느니라."

- 요한복음 5장 26, 27장

제자에 대한 각별한 염려 때문에 나낙은 그토록 단호하게 선언했다.

참 스승을 사랑하고 참된 부를 얻으라.
마지막까지 그를 믿는 자, 스승이 진정 그를 구원하리.
헤매는 요정처럼, 마음에 묶여 위아래로 배회하니

인간의 형상을 한 동물이로다, 완전히 빛을 잃었으니.

- 말라 와르. 1.

스승에게 물리적인 거리는 중요하지 않다. 스승의 권능은 제자가 어디에 있든, 멀든 가깝든 상관없이 마지막 순간에, 혹은 더 일찍 찾아온다. 스승의 권능은 세상에서 떠나야 할 피할 수 없는 시간이 임박했음을 제자에게 알리고, 그에 따라 제자를 데려가려고 온다. 스승의 빛나는 형상은 빛을 발하며 영혼을 더 높은 영역으로 인도한다. 스승은 제자가 생전에 성스러운 말씀을 수행한 정도에 따라 적절한 위치로 각 영혼을 데려가며, 영혼의 길에서 더 발전하고 성장하는 데 필요한 지침을 준다.

"내 아버지 집에 거할 곳이 많도다. 그렇지 않으면 너희에게 일렀으리라. 내가 너희를 위하여 처소를 예비하러 가노라. 가서 너희를 위하여 처소를 예비하면 내가 다시 와서 너희를 내게로 영접하여 나 있는 곳에 너희도 있게 하리라."

- 요한복음 14장 2~3절

방종함으로 인해 벌을 받아야 할 때는 스승이 직접 벌을 내리지만, 결코 지옥의 불길에서 고통받도록 내버려두지는 않는다. 법을 집행하는 이(어둠의 왕)는 행위에 따라 각 영혼을 심판하나, 스승의 이름 안에서 살아가는 제자들을 다스릴 권한은 없다.

"하느님의 이름은 견고한 망대라. 의인은 그리로 달려가서 안전함을 얻느니라."

- 잠언 18장 10절

그에게 참 스승의 제자를 심판하고 처형할 권한은 주어지지 않았다. 어떤 경우이든지 스승이 직접, 가장 적절하다고 생각하는 대로 결정하고 행한다.

"자기를 경외하는 자와 그 인자하심을 바라는 자들을 기뻐하시는도다."

- 시편 147장 11절

또한,

"주께서 그 사랑하시는 자를 징계하시고 그의 받으시는 아들마
다 채찍질하심이니라 하였으니"

– 히브리서 12장 6절

한마디로,

스승을 사랑하는 자는 결코 혼자가 아니고,
누구도 책임지지 않으며, 어떠한 고통도 받지 아니하노라.

– 구즈리 와르 M. 3

그러나 세상에 대한 사랑을 버린 입문자는, 스승이 특별한
이유로 필요하다고 생각하지 않는 한 지상에 다시 태어나지 않
는다. 다시 태어나는 경우라 해도, 낮은 차원으로 미끌어져 떨
어지지 않고 경건하고 종교적인 성향의 가정에 태어나 스승으
로 온 성인과 쉽게 만남으로써 장애 없이 어린 시절부터 고향
으로 돌아가는 길을 다시 시작할 수 있도록 안배된다. 스승의

권능으로 심은 말씀의 '썩지 않는 씨앗'은 제자의 영혼 깊숙한 곳에서 영원히 살아 있으며, 때가 되면 참 스승에게서 분명히 얻게 될 생명의 물을 흡수하여 싹을 틔우고, 꽃을 피워 열매를 맺을 수밖에 없기 때문이다.

"구루의 선물은 누구도 빼앗을 수 없나니, 그것을 베푼 이는 영혼을 건너게 해줄 방법을 알고 계시노라."

– 마루 M. 1

"성인이 씨앗을 뿌리면, 누구도 태워 없앨 수 없노라."

– 소아미 지

페르시아의 신비주의 시인은 말한다.

심판의 날, 분명히 알지라,
다르베쉬의 땅에서 행위란 존재하지 않음을.

– 하피즈

페르시아의 또 다른 위대한 신비주의가 샤마즈 타브레즈는 말한다.

사망이 새장을 부수고, 영을 자유롭게 하노라.
사망은 죽어 다시 날아 오르는 불사조를 지배하지 못하노라.
어찌하여 내 고향으로 다시 날아가지 않으리?
어찌하여 흙집에 머무르리?"

그리고 다시 말하기를,

사랑하는 자는 어디에서 어떻게 죽는지 아나니
죽음을, 사랑하는 이가 주는 선물로 받아들이고 기뻐하노라.
그는 내면의 눈이 떠졌으니 신의 영광을 보나
다른 이들은 눈가리개를 하고 막다른 길로 가야 하노라.
사랑하는 자가 주께로 기뻐하며 나아갈 때
무지한 자는 공포에 떨며 죽음을 맞이하노라.
신을 두려워하여 잠 못 이루는 자는
삶의 후회도, 희망도, 두려움도 없구나.

이승에서 은총의 눈길을 구하고,

그의 거룩한 자리로 기뻐하며 나아가노라.

세 번째 부류는 살아 있는 참 스승이 준 가르침과 계명을 최대한 활용하여 상당히 진보했으나 완전함에는 이르지 못한 사람들이다. 그러한 영혼들은 떠나기 전에 그 날과 시간을 안다. 그들은 죽음의 과정에 매우 익숙하고 매일 그 과정을 체험하므로 죽음을 두려워하지 않으며, 죽음이 그림자에 불과하다는 것을 알고 있다. 오히려 그들은 약속된 시간을 바라고 동경하고 기다리며, 세상에 등장할 때 썩어질 껍질을 입고 온 것처럼 자발적으로 낡은 옷을 벗어 던진다. 그들은 스승의 권능과 함께 매일 왕래하는 영혼의 차원에 대하여 어느 정도 알고 있다. 또한 사후에 계속될 여행이 어떤 차원에서 시작될지도 알고 있다. 그곳에서 살아가면서 더 높은 영역으로 올라가게 되는 것이다. 그들은 항상 스승의 사랑을 의식하며 살아가고, 스승의 권능은 늘 그들과 함께한다. 스승은 그들의 대들보요 지지대며, 제자는 다른 누구에게도 헌신하지 않는다.

"너희가 만일 성령의 인도하시는 바가 되면 법 아래 있지 아니하리라."

-성 바울

마지막으로 가장 중요한, 완전해진 영혼의 부류가 있다. 그들은 지상에 살아 있는 동안 해탈한 영혼이 되어 영혼으로서의 자유로운 삶을 영위한다. 그들은 주의 집으로 언제 돌아가게 될지 훨씬 전부터 잘 알고 있으며 육신의 틀을 벗어버리게 될 방식이 십자가든 교수대든 뜨거운 철판 위든 단두대든 그것을 환영하며 그 순간을 기다린다. 그들은 자신의 뜻대로 하지 않고 신의 의지에 따라 살아가고, 죽음을 사랑하는 이와 재회하는 길이라 여기고 기쁘게 받아들이며, 죽음이 광신도들과 폭정을 휘두르는 제사장과 군주에 의해 정해지는 때에도 질질 끌려다니며 죽게 되든 빠르게 죽게 되든 괘념치 않는데, 그것이 그들에게는 최고의 축제이기 때문이다. 그러므로 그들은 순간 순간의 삶을 살아나간다. 산 채로 가죽이 벗겨지든 토막이 나든 화형을 당하든 상관하지 않고, 독약을 마셔야 하는 중죄인과 함께 십자가에 못 박히든 개의치 않는다. 그들은 어떤 형태가 되든지 다가오는 죽음과 가슴에서 우러나오는 악수를 나눈다. 바로 이것이 구루무크Gurmuhkh*와 성인과 예언자들이 따르는 '길'이다.

구루 아마르 다스는 세상을 떠날 때가 가까워지자 제자들을 불러모아서 이렇게 말했다고 한다.

"나는 하리(주)께 돌아가노라. 한 사람도 울지 말라. 나는 우는 자를 기뻐하지 않으리라. 내가 떠난 뒤에, 너희는 모두 영혼의 고요한 음악에 몰입하라."

이와 유사하게 샤마즈 타브레즈도 말했다.

"내가 죽는 날 관이 천천히 움직일 때, 순간이라도 내가 한 조각의 후회라도 남기고 떠난다 생각지 말라. 내 관을 볼 때는 헤어짐을 입 밖에 내지 말지니, 그때서야 내가 주와 하나가 되기 때문이

---

* 구루무크(Gurmuhkh): 스승의 가르침을 따르는 자. -역주

라. 세상에서 얼굴을 돌릴 때, 그때 나는 영원한 진리를 바라보는
것이리라."

하주르 바바 사완 싱 지는 실제로 오래 전부터 다가오는 마
지막을 예언했다. 세상에서의 순례가 끝날 때가 가까워지자 그
가 말했다.

"나는 본래 온 곳으로 돌아가리니, 누구도 나를 붙잡지 말라. 이
생에서 내가 할 일이 끝이 났고, 나는 거대한 영혼의 부를 모아두
었노라. 나는 기뻐하며 주의 집으로 돌아가노라."

성인의 타계를 한탄하고 애통하는 것이 신성모독인 까닭은,
그들이 진실로 고향으로 돌아가는 것이기 때문이다. 원한다면,
지옥의 왕자가 강제로 육신에서 끄집어내어 끌고 가며 상승과
하락의 외진 길을 가야 하는 영혼의 죽음에는 눈물을 쏟을 수
있으리라.

"오, 카비르여, 고향으로 돌아가는 성인을 위해 어찌하여 눈물을

흘리는가. 해야 한다면, 이리저리 뛰어다니는 속인을 위해 울라."

성인이 사역을 끝내고 부르심을 받아 되돌아갈 때는 신의 궁전에 영광된 자리가 예비되어 있다. 그렇게 죽는 것은 드문 특권이자 큰 축복이며, 왕과 황제들조차도 부러워한다.

5장

죽음 이후

사는 동안 죽어 두려움 없는 자유를 이루라.

곁에 권한 있는 스승이 있으니 후회할 것 없으리.

- 카비르

"하느님이 가라사대 '빛이 있으라' 하시매 빛이 있었다."

− 창세기 1장 3절

"참빛 곧 세상에 와서 각 사람에게 비취는 빛이 있었노라. 빛은 사람들의 생명이더라."

모든 경전에서는 이와 같은 인상적인 말로 그 기원, 곧 세상과 세상 모든 것들의 창조에 대해 묘사하고 있다. 빛 줄기는 생명의 음악과 함께 파동하며, 무형의 절대 존재인 지고 신에게서

흘러나와 다채로운 색과 헤아릴 수 없이 많은 모습과 형상으로
세상에 현현했다.

"하늘에서와 같이, 땅에서도 그러하노라."

진동하는 성스러운 빛으로 현현된 신의 영과 권능은 우주의
거대한 네 가지 영역에 가득 퍼져있다. 먼저 첫 번째 영역은 변
함 없는 항상성으로 본래의 순수함을 유지하는 진리의 거처인
사츠 칸드로서, 그 안에 질료인質料因(마음)이 보이지는 않지만
포함되어 있다. 두 번째 영역은 브라만드Brahmand, 즉 브라만의
알이라는 영역으로 지고 신의 뜻에 따라 원소의 본질인 우주
심을 생기게 하는 곳이다. 그리고 세 번째 영역인 운드Und는
마음이 미묘한 상태로 존재하는 차원인 아스트랄계이며, 마지
막으로 네 번째 영역인 핀드Pind, 즉 물질계로서 조악한 마음
이 일을 하는 곳이다.

인간은 지상 세계에서 머무르는 동안 프라라브드 카르마
Prarabdh Karma에 따라 아주 정확하고 세밀하게 계획된 운명을

살아나가게 되는데, 프라라브드 카르마는 각 사람의 수명과 방향을 정하는 개괄적인 뼈대를 대략 결정한다. 이곳 지상 세계는, 말하자면 거대한 회계 사무실 혹은 정산소와 같은 곳으로서 각 사람은 오랜 세월 쌓아온 빚을 이곳에서 청산하는데, 우리는 그러는 과정에서 모르는 사이에 새로운 거래를 시작하여 먼 미래에 갚아야 할 빚을 지게 되지만 누구도 이것이 어떻게, 언제, 어떤 형태로, 어떤 식으로 찾아올지 알지 못한다. 그러므로 우리는 과거에 뿌린 씨앗을 추수하면서 새로운 씨앗, 그러니까 좋은 씨앗, 나쁜 씨앗, 이도 저도 아닌 씨앗들을 좋은 때든 나쁜 때든 가리지 않고 뿌리기 위해 땅을 예비하게 된다. 또한 이 모두를 마음과 육체적 감각의 자극을 받아 무분별하게 행하는 것이다.

성현들은 지상 세계를 '카람 크쉐트라karam khshetra' 즉 행위의 장이라 부르며 이곳에서 뿌리고 추수하는 과정은 늘 저절로 이루어지게 되는데, 이런 과정을 감독하고 지휘하고 다스리는 어둠의 왕인 다람 라이는 생각과 말과 행위가 아무리 작고 무의미한 것으로 보일지라도 그 옳고 그름에 따라 각각을 정확하고 공정하게 판단하고 측량하며 인생이 끝날 때 각각을 심판한다. 나낙이 이 영역을 '다람 칸드Dharam Khand'라 한 것은, 지상에 내려온 각각의 순례 영혼이 인과응보의 법칙이 존재하며 또한 이것은 어떠한 예외나 특권도 허락하지 않고 모두를 똑같이 다스린다는 사실을 완전히 깨달아야 하기 때문이다.

각 영혼은 자신이 행한 사소한 행동이나 훌륭하거나 나쁜 행위의 무게를 짊어진 채 때로는 강하고 무거운 매질을 견디면서 3계의 주인인 브라만의 거대한 교훈을 배우게 된다. 3계란 핀드인 조악한 물질계, 운드인 미묘한 아스트랄계 그리고 브라만드인 원인계를 말하며, 이 모두는 우주심의 영역으로 마음의 차원이다. 여기에는 셀 수 없이 많은 차원과 세부 영역이 존재하는데 그 중에서도 특히 각자가 자신의 감각, 감성, 감정, 선호, 애증, 자만과 선입견과 같은 욕망들로 창조해 낸 다양한 지옥과 천국의 중간 단계들이 있다.

그러므로 각각의 영혼은 이곳에서뿐만 아니라 사후 세계, 곧 아스트랄계와 원인계에서도 자신이 거주할 곳을 짓게 된다. 여기에는 태초부터 여러 생을 사는 동안 꾸준히 모아온 각자의 인상들이 저장되어 있다. 이 모든 인상들은 업인체karmic body 안에 종합되어 잠재적인 형태로 각 영혼 안에 남아있고, 그 일부는 다시 태어나려 할 때 조악한 육체가 생겨나기 전에 만들어지는 에테르체etheric body를 형성한다. 그러므로 '운명은 물질적인 옷이 준비되기 전에 만들어지니', 그리하여 그와 연관된 원인들을 처리하는 것이다.

이와 유사하게, 임종시에 떠나는 영혼은 마음판에 깊이 새겨진 삶의 인상들과, 이제 전 생애 가운데 가장 눈부신 색으로 빛을 발하는 삶을 지배하는 열정을 가지고 가는데, 그 열정에 따라 영혼이 영들의 차원인 아스트랄계나 원인계 안에서 가게 될 목적지가 결정된다. 물질적인 껍질을 벗은 각 영혼은, 말하자면 정오의 태양 빛에 드러나는 것처럼 미묘한 개성을 드러내게 된다. 인간은 지상에 사는 동안 경건한 모습과 멋진 옷으로 얼마든지 자신을 속일 수 있다. 평생 동안 남을 속일 수 있을지도 모른다. 그러나 단단한 외부 껍질, 조악한 육신이라는 옷이 발가벗겨지는 아스트랄계에서는 누구도 위선을 행할 수 없다.

오, 나락이여! 바로 그곳에서 거룩한 신비가 마침내 드러나노라.

완전함을 숭배하는 이는 완전한 이요,

불완전한 이는 그곳에서 완전해지니

그렇게, 다시 태어나기 위해 이곳에 오는 자, 아직 불완전하도다.

아스트랄계는 육신을 떠난 영혼들의 영의 세계이다. 이 영혼들은 물질적인 몸은 벗었으나 아직 미세한 마음의 껍집들에 둘러싸여 있다. 아스트랄계는 다른 말로 피트리 로크Pitri Lok, 곧 '떠난 선조들' 가운데 신성화된 영혼들인 마네mane 혹은 피트리Pitri의 거주지라고 한다. 여기서 영혼은 아스트랄계에 존재하는 일곱 겹의 껍질에 갇히게 되고, 그 안에 존재하는 일곱 개의 하위 영역에서 미묘한 물질들을 끌어들이게 된다. 바로 이곳에서 영혼은 지상에서 만들었던 원인들을 풀어나가는데, 이는 성스러운 시련의 정화 과정을 거침으로써 가능하며, 이렇게 하여 때가 벗겨지고 난 뒤에 '빛나는 존재의 땅'에 들어가기에 합당해지게 된다.

마담 블라바츠키의 제자인 애니 배산트(1847~1933년)는 자신의 유명한 저서인 ≪고대의 지혜The Ancient Wisdom≫에서 자칭 캄 로크Kam Lok라고 하는 아스트랄계의 낮은 영역에 대해 생생하게 묘사하고 있다. 이름에서 나타나듯이, 캄 로크는 '욕망의 장소'이고 거기에는 일곱 개의 하위 영역이 존재한다고 하는데, 각각에는 다양한 성향과 기질을 가진 사람들이 거한다. 사회의 쓰레기, 미천한 자 중에서도 가장 미천한 자, 살인자와 약탈자, 무법자와 난봉꾼, 동물적인 취향과 짐승 같은 기질을 가진 사람들은 살아 있는 동안 스스로 동물적인 아스트랄체를 형성했기 때문에 이제 사후에 그 자연적인 기호와 흉측함 그대로 야만스러운 모습을 띠게 되며, 지옥의 가장 낮은 층에서 극도로 분노한 상태로 배회하고 으르렁거리고 고함치고 성내며, 마치 만족시키지 못한 욕망을 충족시키기 위한 방법을 찾아 헤매는 프레트pret처럼 방황한다.

그들은 이처럼 어둡고 메스꺼운 환경에서 자신이 뿌린 것을 거두어들이고, 지상에서 정욕과 욕망의 물결에 휩쓸리느라 배우지 못한 귀중한 교훈을 배우게 된다. 자연의 교훈은 쓰고 날카로운 듯하나 궁극적으로는 자비롭다. 결국 그들을 위해 고안

되었기 때문이다.

다음 하위 영역으로 가는 영혼은 무겁게 내리누르는 깊은 걱정을 품고 세상을 떠났거나, 충족시킬 수 없는 미각이나 즐거움과 만족에 대한 욕망을 품었던 경우이다.

그런 뒤에 나타나는 두 개의 하위 영역에는 지상에서 사는 동안 주로 세속적인 일에 마음을 빼앗긴, 교양 있고 사려 깊은 사람들이 오게 된다. 이 사람들의 의식이 후퇴하기보다는 진보를 하는 까닭은 이들이 진보적인 유형에 해당하기 때문이다.

다섯 번째 하위 영역에서부터는 환경이 엄청나게 변화하여 말 그대로 정말로 '별이 가득한', 그야말로 별이 흩뿌려진 아스트랄이며 주변 환경은 기분 좋은 감화를 준다. 이 세 개의 하위 영역을 완곡하게 일컬어 천국이라 한다. 이는 낮은 차원의 천국을 말하며, 유대인들은 이곳을 나중에 지옥과 같은 천국이라 하기도 했는데, 높은 천국에서 구분되는 낮은 차원에 위치해 있다는 것 때문이었다.

종교적이고 철학적인 영혼들은 다섯 번째 영역에서 물질화된 천국으로 들어가게 되는데, 이곳은 그들이 생전에 바라고 갈망했던 곳이다. 예컨대 행복한 사냥의 땅, 발할라(걸출한 인물과 전사한 영웅이 마지막으로 쉬는 곳), 이슬람교도들의 낙원인 기쁨으로 가득한 바히스트, 금으로 장식된 문이 있는 새 예루살렘이나 공회당으로 가득한 천국과 같은 곳이다.

좀더 진보한 영혼, 이를테면 예술가 같은 영혼은 여섯 번째 하위 영역으로 간다. 일곱 번째, 즉 가장 높은 하위 영역은 물질주의적 성향을 띤 지성인, 가령 정치가, 행정가, 과학자와 같이 지상에서 명백히 물질주의적이었고 지식을 습득하는 과정에서 세상과 융합되었던 사람들로 채워진다. 캄 로크에서의 삶은 더욱 유연한 형태와 에너지가 더욱 충만한 영질로 인해 더욱 활발하고 더욱 미묘하고 형체가 없으며 지각할 수 없지만, 투명하거나 반투명하다고 말한다. 이곳에서 사념체가 만화경처럼 빠르게 나타났다 사라지는 것은 감각과 느낌과 감정에서 발생된 파장의 진동수가 상당히 높기 때문이다.

아스트랄체가 정화된, 영적으로 진보한 영혼은 지체 없이 캄로크를 지나친다. 순수하고 온화한 영혼들은 난관이 조금 있지만, 꿈을 꾸듯이 평화롭게 그곳을 거쳐간다. 그보다 덜 진보한 다른 영혼들은 지상에서 활동하던 곳과 유사한 곳에서 깨어나게 된다. 동물적인 욕망에서 벗어나지 못한 그들(프레트)은 자신이 속하기에 적합한 영역 안에서 바로 자기 자신만의 장소에 정확하게 깨어난다. 이 차원은 위험하고 속기 쉬운 곳이긴 하지만, 그 시대의 완전한 성인에게서 초월계의 거룩한 신비에 입문한 영혼들은 매혹되지 않는다면 그곳에 머물지 않는다. 그와 반대로 이 영혼들은 베일에 싸인 채 이곳을 지나가 더 높은 영역으로 인도받고 그곳에서 성숙함과 안정을 얻어서, 나중에 자신감 있게 이곳을 바라보고 그 유혹과 속기 쉬운 매력을 견뎌내어 순수한 영적 차원으로의 행군이 지체되지 않도록 안배된다.

어떤 영혼들은 욕망의 아스트랄계에서 또 다른 차원, 곧 사념의 차원으로 간다. 이곳은 생각하는 마음 즉 마나스가 창조한 정신의 영역이다. 생각에는 엄청난 에너지가 있고, 각 사람은 지상에 사는 동안 상상과 허구의 날개를 펴고 꿈나라를 창조한다. 그리고 영혼은 사후에 소위 '공중누각'이라는 것을 체험하기 위해 점차 이곳으로 인도된다. 신의 순수한 마음의 본질을 지닌 우주적인 브라만에서부터 각 사람의 마음에 이르기까지, 마음은 모든 단계에서 고유한 세계를 만들고 그 안에 거하기를 즐겨 하는데, 이는 마치 거미가 자기 몸에서 나온 가볍고 얇은 물질로써 아주 예술적으로 만들어낸 거미줄 위에서 상하좌우로 움직이는 것과 같다. 이와 마찬가지로, 각 영혼의 사념 유형과 사념의 상像은 육신 안에서 생각하는 존재가 물질 세계의 감옥에서 자유로워지기 훨씬 전에 경이로운 사념의 왕국을 만든다.

생각하는 그대로 되느니라.

이것이 자연의 법칙이며, 누구도 여기에서 벗어날 수 없다. 이 사념의 차원에서는 사념의 파장이 영혼 사이를 연결해 주는 유일한 통로이며, 모든 영혼이 긴밀하게 생각을 주고받는다. 그곳에서 시간과 공간은 중요치 않다. 그들 사이에 조금이라도 거리가 생긴다면, 그것은 서로 공감하지 못하기 때문이지 다른 이유가 있어서가 아니다.

대체로 사념의 차원에서는 앞에서 언급한 모든 영역들에 비해 더 풍요롭고 완전하고 더 진보된 삶을 살아갈 수는 있지만, 이곳도 마음에서 나왔으므로 여전히 미망에 사로잡히게 된다. 그리고 그곳에 있는 자조차 비록 마음의 성격에 따라 거대하고 넓거나, 좁고 제한된 형태로 자신의 천국에서 온전히 즐기기는 하지만 미망에서 완전히 벗어날 수는 없다. 그러나 이와 동시에 각 영혼은 자신을 둘러싼 환상 속에서도 현실감을 잃어버리지는 않는다.

마음이 만들어낸 사념의 차원에서 특히 관심을 끄는 성역은 데브 로크Dev Lok, 곧 '빛나는 존재'라 일컬어지며, 지상에서 매우 큰 깨달음을 얻고 자신의 분야에서 매우 진보한 영혼들인 데바가 머무는 영역이다. 여기에는 힌두에서 말하는 스와르가Svarga와 바이쿤드, 불교에서 말하는 수크 바티Sukh vati, 기독교와 조로아스터에서 말하는 하늘나라, 물질주의가 덜한 이슬람에서 말하는 아르샤Arsha와 후세 유태인들이 말하는 천상 낙원 혹은 기쁨의 동산 등이 존재한다. 여기에는 또한 신의 계명을 어겼다는 이유로 인간이 신에게 추방당했던 에덴 동산도 포함되어 있다.

당대의 위대한 시인이자 천재였고 심오한 정치적, 영적 사상가였던 존 밀턴(1608~1674년)은 불후의 저서 《실낙원》, 《복낙원》에서 인간의 타락과 환생, 그리고 인자의 중재를 통한 신에게로의 귀향을 훌륭하게 묘사하고 있다.

다양한 차원에서 인간의 사후 세계를 그려내고 있는 여러 종교의 경전을 애써 읽는 것보다, 다시 한번 동서양의 지혜를 포용하면서 적절한 철학을 제공하고 있는, 그리스어로 정확히 '디오소피아'라고 일컬어지는 성스러운 지혜를 다시 한번 참고로 하는 것이 현명하리라. 위대한 신비가 애니 베산트는, 원인계에는 육체와 아스트랄체를 벗어버린 인간의 영혼이 거주한다고 말한다. 이기적인 동물적 열정을 넘어, 깨끗해진 각 영혼은 개인적인 열망과 포부, 희망과 두려움, 사랑과 관심에 관한 선한 생각의 정도에 따라 선한 행위가 크든 작든 그 결과를 추수하기 위해 이곳으로 온다. 인간은 자신보다 훌륭한 것을 얻을 수 없고 뿌린 대로 거둔다.

"속지 말라. 하느님은 만홀히 여김을 받지 아니하시나니. 사람은 무엇이든 뿌리는 대로 거두느니라."

– 갈라디아서 6장 7절

이곳은 자비롭고 공정한 '선의의 법'이 다스리는 우주로서 각자 지상에서 한 행위에 정확히 일치하는 보상을 받는 장이다. 생각한 모든 것, 힘을 부추겼던 모든 열망, 무익한 노력으로 얻은 능력, 분투와 패배를 통해 쌓아 올린 힘과 권력, 슬픔과 실책으로 얼룩진 빛나는 갑옷은 일곱 개의 하위 영역 즉 천국들 가운데 하나에서 그 열매를 맺게 되는데, 참자아에 대한 의식이 깨어나는, 자정의 태양이 빛나는 땅인 이곳에서 각각의 영혼은 자신을 둘러싸고 얽혀있는 환경을 완전히 의식하게 되고, 지금까지 알지 못했던 먼 과거를 기억하게 되면서, 지상에서의 삶을 만들어내게 된 원인과 다시 그 삶으로 인해 광대한 미래를 만들어내게 될 원인들을 보게 된다. 과거와 현재와 미래가 이제 막 펼쳐진 책처럼 무엇도 감춰지거나 가려진 것 없이 삶의 총괄적인 모습을 영혼에게 보여준다. 이곳에서 영혼은 개인에 관한 한 말 그대로 전지적 시각을 갖추어 완전하게 볼 수 있게 된다.

이 천상계에서 가장 낮은 부분으로 가는 이들은, 가족들과 친구들을 향한 진실하고 이기심 없는 사랑을 계발하고 자신보다 더 고귀하고 순수하고 나은 사람들에 대한 존경심을 계발한, 가장 덜 성장한 영혼들이다. 이에 따라 작은 수용의 잔을 가진 그들에게 주어지는 보상은 폭이 좁고 깊이가 얕으나 기쁨과 순결함과 조화로움이 그 잔에 샘솟듯 넘치게 되고, 이들은 더 큰 힘과 능력을 가지고 조만간 지상 세계에서 다시 태어나게 된다.

다음 영역은 종교적인 믿음으로 신을 향한 가슴을 가진 영혼들이 오는 곳으로, 이 신은 각자의 믿음 안에서 이름과 형상을 가진 그들 자신이 선택한 개성적인 신인데 이름 없고 형상 없는 신은 그들이 애정을 기울여 경배하는 형상으로 그들에게 나타나서 그들 각각의 마음과 감정의 수용 능력에 따라 헌신의 법열로 차고 넘치게 해준다. 신은 이 헌신적인 영혼에게 친숙한 형태의 베일을 쓰고 있다. 인간이, 모든 신들이 자신의 가슴에 거한다는 점을 잊어버린다는 것은 진실로 기이한 일이다. 우리는 단지 내면으로 주의를 기울이기만 하면 가장 사랑하는 모습을 한, 형상 없는 신의 단편을 볼 수 있다. 그러므로 이렇게 전해진다.

"형상 없으나, 모든 형상이 그의 것이요, 이름 없으나, 모든 이름이 그의 것이니 그대 바라는 대로 그를 부르면, 그가 그대를 보리라."

세 번째 영역에는 인간의 내면에 깃든 신을 보고 섬기며 피조물에 깃든 신을 숭배하는, 헌신적이고 신실한 영혼이 오게 된다. 그들은 이 영역에서 전례가 없을 만큼 위대한 박애주의자로 완성되고, 인류를 향한 이기심 없는 사랑의 원대한 힘을 부여받게 된다.

음악, 조각, 그림과 같은 예술의 거장과 자연의 법칙을 연구하고 발견하는 연구가, 그리고 깊이 있는 지식을 추구하는 성실하고 경건한 학자들의 영혼은 네 번째 하위 영역에서 다음 시대를 위한 인류의 완벽한 교사로서 발전할 기회를 얻게 되고, 실제로 지상에 내려오면 선구자가 되어서 시간의 모래밭에 발자취를 남기게 된다.

다음으로는 세 개의 고매하고 형상 없는 천국이 존재한다. 많은 영혼은 자신이 뿌렸던 씨앗에 따라 이 중 가장 낮은 영역으로 오지만, 잠시 머물면서 섬광 같은 통찰력을 얻고 위대한 미지의 영역을 잠시 맛본 뒤 지상 세계로 돌아간다. 그러나 깊이 사유하고 고결한 삶을 산 영혼들은 진리를 바르고 직접적으로 인지하며, 근본적인 원인을 보고, 근원적으로는 하나임을 알며, 평범한 시각으로 보기에는 부조리한 결과들 가운데 신의 법칙이 절대 조화를 이루며 변함 없이 작용하고 있음을 깨닫게 된다.

"만물이 다르나, 만물이 화합한다."

-알렉산더 포프[*]

완전하고 끊어지지 않는 기억을 간직한, 좀더 진보한 영혼들은 여섯 번째 하위 영역으로 간다. 이들은 거룩한 마음(브라만드)의 부를 모아 인류에게 신의 길이 옳음을 가르치고, 신을 영

---

[*] 알렉산더 포프(Alexander Pope): 영국의 시인이자 비평가. -역주

광스럽게 하기 위해 인류의 위대한 선구자로서 지상 세계로 돌아간다. 고대의 '위대한 사자死者'인 그들은 인과의 사슬이 빠짐없이 연결된 채로 브라만의 의지가 온전하게 작용함을 알고 목격하게 됨으로써 영광스러운 삶을 맛본다.

가장 높은 하위 영역에는 브라마 비드야의 스승들과 그 입문자들(브라마차리Brahmacharis)이 가게 되는데, 이는 '생명으로 이끄는 길은 좁고 협착하여' 입문자만이 찾을 수 있고 따라서 선택된 소수만이 브라만의 땅에 들어가기 때문이다. 이들은 자의식을 가장 높은 상태로 즐기나 아직 우주 의식이 부여된 것은 아니다.

끝으로 애니 베산트는 이곳을 다음과 같이 요약하여 말한다.

"이것이 '인간이 죽음이라 부르는 변화' 이후에 곧 지나가게 되는 '일곱 천국들'의 대략이다. 죽음은 영혼에게 부분적인 자유를 주고, 가장 무거운 구속에서 벗어나게 해주는 변화에 불과하다. 죽음이란 다만 더 넓은 삶으로 태어나는 일이요, 지상 세계로 잠시

유배되었다가 참 고향(우주심의 고향)으로 귀환하는 사건이며, 감옥에서 고층의 대기로 벗어나는 것에 불과하다. 죽음은 가장 커다란 환영幻影이다. 죽음이란 존재하지 않고, 다만 삶의 조건이 변화할 뿐이다. 삶은 계속되고, 중단되지 않으며, 깨트릴 수 없다. '태어남도 없고, 영원하며 고대로부터 지속된' 삶은 생명을 감싸고 있는 육신이 소멸한다 해도 죽지 않는다. 육신이 산산이 부서졌다고 해서 영혼이 소멸한다고 생각하는 것은 항아리가 깨졌다고 해서 하늘이 무너진다고 생각하는 것과 같다."

사후에 인간은 3계, 다시 말해서 물질계, 아스트랄계, 원인계에서는 안식을 찾지 못한다. 물질이라는 옷에서 자유로워진 영혼은 각자의 생각과 말과 행위가 만들어낸 관성에 따라 브라만의 거대한 삶의 수레바퀴에서 위아래로 이동하게 된다. 이 모두는 엄청난 다양성을 띠는 각각의 마음이 가장 낮은 물질 세계에서 위로는 원인계까지 퍼져 나가면서 만들어내는 장난에 불과하고, 영혼은 완전함을 향한 여정에서 전진하면서 각자가 브라만에게 배워야 할 교훈이 무엇인가에 따라 길든 짧든 일정한 시간 동안 이 원인계에서 이 후에 있는 자신의 거처를 세운다. 각 영혼은 앞서 언급한 3계 내의 다양한 차원에 존재하는 힘들에게서 외부적인 자극을 받아 만들어진 원인들이 모두 없어지기 전에 가능한 한 풍성하게 거두어들인다.

인간 영혼의 가장 중심부에 있는 원인체 즉 씨앗몸에는 붓딕 buddhic(비기야닉vigyanic●)과 니르바닉Nirvanic(아난딕anandic● 또는 지복의)라고 하는 매우 섬세하고 고상한 두 가지 내피가 존재한다. 오직 싯타르타 왕자처럼 매우 용감한 영혼만이 불과佛果를 얻어 깨달은 존재, 곧 붓다가 되어 3계의 창조자에게서 오는 지복을 향유하고, 다르마의 법을 지상 세계에 전해 주며, 무욕을 강조하여 마음을 모든 집착에서 자유롭게 한 뒤에, 팔정도를 걸어 완전함에 이르게 하기 위해 세상에 내려올 수 있다. 용감한 이 중의 용감한 이, 자이나교의 티르탕카라Tirthankara●인 마하비라Mahavira● 같은 사람이라야 브라만의 성좌에 감히

● 비기야닉(vigyanic): 전문지식을 갖춘 이 또는 과학자(Scientist). -역주
● 아난딕(anandic): 지극히 복된. -역주
● 티르탕카라(Tirthankara): 구원자라는 뜻. -역주
● 마하비라(Mahavira): 붓다와 같은 시대에 태어난 자이나교의 창시자. -역주

다가가, 먼지 틈에서 기어다니는 가장 작은 벌레에서부터 물과 공기의 영에 이르기까지 모든 생명체에 대한 보편적 사랑과 아힘사*의 법을 세상에 줄 수 있을 것이다.

붓딕 차원에서 영혼은 내면에 깃든 신성의 지적인 측면을 계발하고, 자신의 내면 그리고 다른 모든 것의 내면에서 동일한 참 자아를 보고 깨닫게 되며, 자신 그리고 다른 모두가 참 자아 안에 동일하게 존재함을 보게 된다. 그러므로 각 영혼은 존재의 위대한 본질적 일체성, 즉 '수트라 아트마Sutra Atma'를 깨닫게 된다. 여기에는 기후 조건이 주는 영향이나 정신적 기질, 내적인 발전과 성장의 정도 때문에 안팎의 모양, 크기나 색깔이 다름에도 불구하고, 염주에 달린 수많은 구슬들처럼 개미에서 코끼리에 이르기까지 모두가 포함된다.

이제 브라만의 날숨의 생명인 인간의 궁극적 실체monad는 신성한 권능과 속성을 가지고 브라만의 들숨의 생명 안에 거하

---

* 아힘사(Ahimsa): 비폭력. –역주

게 되고, 자신 안에 있는 신성의 지복적인 측면인 사트-치트-아난드Sat-Chit-Anand•라는 아트만 의식, 즉 니르바나 의식을 열망하게 된다. 이 때 우주의 가슴과 영혼이 자신의 것이 되니 그것과 하나가 된다.

브라암 비드야를 올바르게 이해하고 그 수행에 성공하는 과정, 곧 브라만드의 처음부터 끝까지를, 조악한 물질계에서부터 진정한 브라암 로크, 즉 마하 마야•가 가장 미묘한 형태로 지배하는 영역까지를 올바르게 초월하는 과정은 길고 지루하다. 브라만드는 베다의 가르침에서 가장 성스러운 소리라 말하는 '옴'에 깃든 신의 권능이 현현된 것이다. 그러므로 브라만드는 아카르akar, 즉 '옴Om'의 형상(옴 카르Om-kar)이다. 브라만드는 그리스인들이 말하는 로고스요, 다른 성서에서 말하는 에크-온카르이다.

• 사트-치트-아난드(Sat-Chit-Anand): 진리, 의식, 지복. -역주
• 마하 마야(maha-maya): 거대한 환영(幻影). -역주

이것이 후대 베다 교사와 학자들(과거의 리쉬들)이 눈 덮인 산채나 깊은 산속에서 집중 명상을 통해 얻은 경험이 담긴 최고의 가르침인 베단타에서 말하는, 인간이 궁극적으로 도달해야 할 깨달음이다. 브라암은 앞서 언급한 3계와 거기에 거하는 모든 존재로 이루어진 우주의 생명 그 자체이다. 그러므로 브라암은 트릴로키 나드Triloki Nath, 다시 말해 그 자체의 완벽함 안에 있는 세 겹으로 된 파노라마적 삶의 주인이다.

우리는 리쉬들이 한 지혜의 말 가운데 '가장 순수한 빛'이 나는 보물, 즉 우파니샤드라고 알려진 귀중한 논문에서 격언으로 된 내용을 발견할 수 있다. 그리고 우파니샤드는 베단타로서, 또는 성스러운 지혜가 만개한 베다의 마지막 단계로서 마땅히 받아들여지고 있다. 이 책은 위대한 진리인 '그것이 그대이니라'라는 말로 끝나는데, 이는 인간이 자신의 진정한 본질 안에서 브라만임을 뜻한다. 이 근본 진리를 깨달으면 저절로 "아함 브라암 아스미aham Brahm asmi", 즉 '나는 브라암이라', 혹은 '나와 아버지는 하나니라' 또는 '나는 아버지께서 시키는 것만을 말하노라'(요한복음 12장 49~50절)라고 선언하게 된다.

우리가 베단타에서 얻을 수 있는 가장 위대한 교훈은 바로 모두가 하나라는 것, 우리의 기원이 하나이며, 내부와 외부의 형성물, 그 구조가 하나이며, 그것이 얼마나 잠재되어 있든 상관없이 우리의 잠재력과 권능에 있어서도 하나이다. 참 자아가 계발되는 과정이 근본적으로 모두 동일하므로 우리 모두는 늦든 빠르든 상관없이 똑같이 발전할 수 있는 능력을 갖고 있는 것이다. 그리고 우리 모두는 브라만의 숭배자이기에 온 인류의 목표 또한 하나이다.

이렇게 하여, 각 사람이 내뱉는 생명의 숨은 '우주의 위대한 마음'인 마하트Mahat, 즉 세 번째 로고스이자 성스러운 창조의 지성, 힌두교에서 브라마로, 불교에서 문수사리로, 기독교에서 성령으로, 신비가들과 수피 다르베쉬들에게 알라–후로 불리는 우주심이 들이쉬는 숨에 녹아든다.

이곳 브라암 로크에서 브라만에 근접한 상태로 오래 머물면서 그 힘에게서 사랑, 지혜,지복을 흡수하게 되는데, 영혼은 그곳에 너무나 오래 머문 나머지, 이것을 '불꽃이 브라만의 불꽃에 합일된' 진정한 구원이라고 믿게 된다. 그러나 그곳에 머무는 시간이 얼마나 되든 그것은 영원하지는 않으며, 오직 우주심이 그 생명을 모아 들이며 그 손길이 미치는 모든 영혼을 흡수하여 브라만드가 해체될 때까지만 지속된다. 이처럼 생명이 펼쳐지고 사라지는 연극인 브라만드는 다시 또 다시 반복되고, 이 거대한 놀이는 영원토록 지속된다. 신의 철학은 이를 매우 아름답게 다룬다.

얼마나 아름다운가,
신의 철학은
어리석은 자가 생각하듯
무자비하거나 괴팍하지 않고,
아폴로의 류트처럼 아름다우며
감로수의 달콤함이 있는 영원한 잔치로다.

위대한 세 개의 힘(브라마, 비쉬누, 쉬바)을 생성하여 이러저러한 형태의 모든 물질과 마야를 창조하고 유지하고 파괴하는 근원은 바로 브라만이다. 이 세 힘은 브라만의 샥티, 즉 우주의 신성한 어머니라 불리는 마하 마야에서 탄생된다. 여기에서 어머니라 함은 흔히 말하는 성性의 개념과는 다르다. 이를 다시 비유하자면, 가볍고 미세한 거미줄이 외부에서 나오는 것이 아니라 거미의 몸 안에서 나오는 것과 같고, 애벌레는 번데기 상태에서 자신을 보호하기 위해서 고치를 짓는데 이때 나오는 실이 자신의 몸에서 나오는 것과 같다. 그리고 인간은 고치에서 실을 뽑아서 화려한 비단옷을 준비하고 그 빌려온 옷으로 벌거 벗은 몸을 감싸며 기쁘게 입고 다닌다.

나낙 역시 신의 창조 과정에 대해 말하면서 창조와 유지와 파괴의 세 원리에 대해 언급했다. 그들은 모두 절대 실재의 의지에 따라 대리자로서 위임받은 권한만을 행할 뿐이며, 기이하게 들릴지 모르겠으나 그들은 절대 실재를 알지 못한다. 왜냐하면 그들은 지고의 존재가 창조해낸 피조물의 일부일 뿐이며 절대 실재는 무형의 주체이기 때문이다.

성모는 잉태하여 세 통치자를 생산했으니,
첫째는 창조자요, 둘째는 유지자요, 셋째는 파괴자라.

그가 바라는 바를 그들이 행하나니,

그들은 그의 뜻에 따르노라.

경이롭도다.

그는 그들을 지켜보나, 그들은 그를 보지 못하나니.

오직 그에게 만세를 외치라.

모든 시간 안에서

처음이고, 순수하며, 영원하고, 불멸하며, 절대 불변하는 그를 위

하여!

모든 지옥과 천국을 포함한 창조의 3계를 관리하는, 엄청나
게 방대한 일을 집행하는 권한은 브라마와 동격의 두 번째 신
비쉬누에게 있다. 한번은 어떻게 그렇게 방대한 일들을 다루고,
그의 처분에 맡겨진 수 없이 많은 영혼들에게 모든 종류의 편
안함과 슬픔을 겪게 하는 천국과 지옥의 영역들에서 그렇게 세
심하게 준비를 할 수 있느냐는 질문을 받자, 비쉬누는 그저 웃
으면서 말했다.

"아! 내 영역 어디에 찾아오는 영혼이든 각자의 아픔과 기쁨의 덩

어리들을 가져오고, 그에 따라 스스로 지옥이나 천국을 지상에서나 지상을 떠난 뒤에도 만들게 되니 내가 할 일은 아무것도 없다. 내 영역 어디에서든 각 영에게 필요한 것이 있다면 무엇이든 저절로 안배되니, 나는 단지 무심하게 비극이든 희극이든 희비극이든 경우에 따라 그들 안에 감춰진 것이 드러나는 모양을 바라보기만 하면 된다."

이와 같이 신의 기계는 저절로, 알아서, 그러나 그의 뜻에 따라서 작동한다.

브라만은 거대한 힘으로서 인간의 마음으로 상상하기에는 너무도 거대하다. 그리고 그 이상의 차원에 대해서는 오직 성인들, 곧 우리가 알고 있고 공식적으로 찬양받는 성인들이 아니라 진리로부터 권한과 사명을 받은 산트 사트구르만이 알며 그들만이 권위를 가지고 말할 수 있다. 이 진리는 태초에도 존재했고, 지금도 존재하며, 영원히 존재하면서 인류를 가르치고, 갈망하는 영혼들, 그러니까 모든 차원을 관통하여 작용하는 모든 원인들의 원인이 되는 원인 없는 존재를 올바르게 이해할 만큼 무르익어 육신으로 살아 있는 동안 자유로운 영혼, 곧 지반 무카트jivan mukat의 삶을 살아갈 준비가 된 영혼들에게 초월계와 이를 초월한 차원의 신비로움으로 입문시킨다.

"지반 무카트는 '삶 속에서의 죽음'을 알고 실천하는 자요, 마침내 무대를 떠날 때는 영원히 떠나 다시는 돌아오지 않느니라."

- 나 낙

이것이 프라 비드야Pra Vidya, 즉 초월계 지식의 가르침이다.

이와는 달리 아프라*의 특성을 띠고 프라*를 위한 길을 예비하는 브라마 비드야의 스승들의 경우는 다양한 부류가 존재한다. 그리고 이들은 모두 자신의 능력에 따라 사람들에게 브라만의 길을 설파한다. 예언자와 메시아 들은 대개 다가올 커다란 사건을 예언하고, 인류에게 선한 삶을 영위하도록 가르치며,

---

• 아프라(Apra): 세상. -역주
• 프라(pra): 초월. -역주

신(브라만)의 말씀과 소식을 인류에게 전해 준다. 아바타란 브라만의 다양한 권능이 육신을 입은 존재이며, 그들은 정의와 불의 사이에서 사회 질서의 균형을 잡음으로써 세상이 안정되고 질서 정연하게 유지시키는 역할을 한다. 요기와 요기슈와르들은 요그-마야yog-maya (마음의 힘) 영역에 머물게 되며, 자신의 수행력이 미치는 정점까지 입문자들을 인도한다.

브라암 로크에는 수많은 하위 영역들, 이를테면 푸리Puri, 바반Bhavan, 타바크Tabaq 등으로 나뉘어 있으며, 브라마 푸리, 비쉬누 푸리, 쉬바 푸리, 인드라 푸리 하는 식으로 각각 브라만의 힘에 하나씩 할당되어 있다. 총칭하여 브라만이라고 불리는 이러한 힘들을 숭배하는 영혼들은 시간이 지남에 따라 어쩔 수 없이 이 힘들에게 이끌려 가게 되어 각기 자신이 속한 목적지에 이르게 된다.

고대 그리스인은 신성의 이러한 세 가지 양상에 대하여 '회전하는 물레의 세 자매'라고 말한다. 하나는 각 영혼의 생명줄을 계속 뽑고, 다른 하나는 생명줄을 아름답게 장식하고 꾸미며,

그리고 세 번째는 예정된 시간이 끝나면 생명줄을 끊는 일을 한다. 이와 유사하게 기독교 신학에서는 첫 번째 로고스, 즉 자연에 작용하는 창조력과 이와 유사한 각각의 임무를 수행하는 두 번째와 세 번째 로고스에 대해 말하고 있다. 이것이 그 유명한 아버지와 아들과 성령의 삼위일체 교리이다.

세상의 모든 철학이 끝나는 곳에서 진정한 종교가 시작되는 법이다. 오직 영혼, 다시 말해서 '육신의 거주자'가 마음과 지성과 육신이라는 매개체, 이 세 개의 옷으로 이루어진 조악한 개성을 벗어 버리고 원래 그대로의 자신의 단순성을 띠는 존재, 곧 늘 변화하는 삶의 파노라마에 둘러싸여도 자신의 타고난 정수 안에서 늘 푸르고 생기가 넘치며 나뉘지 않은 전체로서의 거대한 불멸의 나무가 된 뒤에야 영혼은 다채로운 색의 거울로 둘러싸인 마법의 강당에서 빠져나와 세 개의 껍질로 이루어진 브라만드의 알을 탈출하여 초월계로 들어갈 수 있게 된다.

인간은 마치 다시 태어난 불사조가 새로운 젊음과 생기를 가지고 이전의 잿더미 속에서 살아나는 것과 같이 앞으로 맞이할 영혼으로서의 삶을 살아가기 위해서 다시 태어나야만 한다.

마음의 차원을 초월하는 일은 초월계의 신비에 대해 모르는 사람이 생각하는 것처럼 간단하지가 않다. 그곳은 가장 속기 쉬운 차원이며, 심지어 마하트마와 리쉬들도 모든 지식과 금욕 행위에도 불구하고 길을 잃어버리고 만다. 자신의 영역에서 벗어나 아버지의 참된 고향으로 돌아가고자 하는 신실한 영혼들에게 브라만이 이 거대한 우주 안에서 주지 못할 것이 무엇이겠는가?

물질계에 있든 아스트랄계 또는 원인계에 있든 각 단계마다 그는 열망하는 영혼들의 길을 막으려 든다. 위대한 예언자와 구원자들 모두 악마와 마귀와 사악한 영들과 그들이 보낸 대리자들의 무리들과 때론 정당하고 때론 비열한 수많은 방식으로 대적해야 했던 경험을 말해주고 있다. 이를 통해 길을 방해하며, 세상의 왕국과 군주의 지위로써 구도자들을 꺾으려고 하며, 구도자가 이 유혹에 굴하지 않으면 불과 천둥과 지진과 개벽과 폭우와 번개와 기타 등으로 위협하려 든다.

인간은 바로 이와 같은 곤경에 처할 때 오직 구루의 곁에 있어야만 고난과 역경을 견뎌낼 수 있다. 구루의 힘이 이때 제자의 영혼을 자신의 안으로 끌어당겨 흡수하고 '내면에 울려 퍼지는 빛'의 길로 인도하기 때문이다. 각각의 영혼에 대하여 브라만은 자신의 전부를 걸고서 구도자가 스승의 권능(아칼Akal 또는 초시간적 존재)의 보호를 꼭 붙들고 있다는 확신이 들기 전에는 양보하지 않는다. 심지어 물질 세계에서도 통치자와 정부 들은 주민들이 무단 유출되는 것을 막기 위해 국경을 봉쇄하고 그러한 유출을 통제하기 위한 법을 만들지 않던가?

시간의 힘은 실로 위대하며, 누구도 이를 정복할 수 없으리.
그러나 시간도 영원의 음악을 끔찍히도 두려워하니
자신도 신성한 음율 안에서 사라져 버릴까 함이라.

우리는 앞서 나낙이 다르마 칸드에 대해 해석한 것을 살펴보았다. 위대한 교사 나낙은 이어서 순례하는 영혼이 여행의 절정인 사츠 칸드에 이르기까지 다양한 영역을 거치는 여행에 대해 묘사하고 있다. 다음의 두 영역을 나낙은 각각 기얀 칸드

Gyan Khand(지식의 영역)와 사람 칸드Saram Khand(법열의 영역)라고 부르고 있다. 기안 칸드에서 영혼의 시야는 측량할 수 없을 만큼 확장되는데, 이는 영혼이 곧바로 모든 창조물에 깃든 무한한 형태와 현상의 다양성을 파악하고 '변하지 않는 자연의 작용 법칙'을 이해하게 되기 때문이다. 사람 칸드에서는 영혼이 말씀의 힘에 매료되어 사물의 참된 본질을 맛보고 그에 대한 통찰력을 얻게 된다.

다음에 오는 영역은 카름 칸드Karm Khand, 즉 '은총의 영역'이다. 성스러운 말씀으로 정화된 영혼은 바스나Vasna* 형태로 남아 있던 가장 미세하고 희미하며 불분명한 찌꺼기의 흔적조차도 없이 완전히 자유로워지고 더 이상 물질로 인해 시야가 가려지지 않게 되며, 브라만드와 거기에 존재하는 모든 차원을 잉태한 말씀의 정수, 생명의 빛과 마주하게 되면서 신을 온전히 의식하게 된다.

---

* 바스나(vasnas): 행동 경향이나 현재의 행동에 영향을 미치는 카르마의 낙인. -역주

마침내 영혼은 사츠 칸드, 곧 진리의 거처에 이르러 신의 뜻에 따라 완벽한 조화와 합일을 완전히 실현하게 된다.

"모든 가슴들이 신으로 가득하니, 사망과 미망의 손길에서 벗어났도다… 모두가 그의 의지에 따라 움직이나니… 그 아름다움은 표현할 수 없음이라."

이렇게 영혼이 초의식의 각성 상태로 상승하는 것을 가리켜 앞에서 언급한 대로 영원한 삶이라고 하고, 영혼은 다시는 아래로 내려가지 않는다.

나낙이 여기서 묘사한 내용은 비즈나나Vijnana(내면의 체험에 의존하는, 직접적이고 순간적인 것)의 영역으로서 즈나나, 곧 스승이 경전을 올바르게 사용하여 제자에게 설명하고 나누어주는 이론적인 지식과는 다르다. 완전한 스승은 모든 경전을 합한 것 그 이상이다. 경전은 결국 거룩한 인간의 체험을 기록한 것이며, 이러한 인간은 신의 길을 인류에게 가르치기 위해 계속해서 나타난다. 우리가 분명 경전이 쓰여진 고대의 원어에 능통하다면 이를 읽을 수는 있다. 그러나 모순 투성이의 번역본과 오늘날과 같이 다른 사회 전통에서는 그 참된 의미를 이해할 수도 없고, 다양한 종교의 경전들 사이에 존재하는 모순들을 설명하거나 그 명백한 차이점들을 타당하게 융화시킬 수도 없다. 모든 인간에게 동일한, 모든 경전의 정신과 내면의 생명수에 다가갈 수 있고 이를 직접 체험한 사람은 경전이 의도하는 의미를 이해할 수 있을 만큼 단순한 말로, 설명하는 자신에게도 듣는 이에게도 간단한 방식으로 일러준다.

성인과 함께할 때 신이 인간에게 더 가까이 온다는 것은, 신이 그를 통해서 말하기 때문이라고 한다. 우리는 모두 한두 가지 경전에 매달려 있기 때문에, 스승은 영혼을 되살려야 하는 자신의 책무를 다하는 데 도움이 되는 다양한 경전들을 최대한 활용하여 서로 다른 성향을 가진 사람들이 가장 저항감을 갖지 않을 만한 선에서 인도한다.

완전한 성인, 즉 무르쉬드–이–카밀Murshid-e-Kamil은 단순히 이론적인 지식을 나누어주는 데 만족하지 않는다. 그는 자신의 말을 직접 실현해 보여주며, 이것이 그가 위대한 까닭이다. 지성의 차원에서 자신이 주장하는 것을 영혼의 차원에서 어느 정도 실제로 체험할 수 있도록 해주지 못하는 사람은 진정한 의미의 '스승'이 아니며, 그의 말에는 무게가 실리지도 확신을 주지도 못한다.

사트구루는 진정 진리의 화신, 인간의 형상을 한 신이다. 그의 사명은 신의 뜻에 따라 첫 번째로 창조된 영역으로 영원하며 파괴되지 않는 순수 영의 차원인 사츠 칸드, 즉 진리의 거처라고 불리는 아버지(사트, 즉 진리)의 참된 고향으로 인간의 영혼을 데려가는 것이다.

스승들의 길은 물리적인 물질 세계에서 모든 이중성과 양극단을 초월한 순수한 영적 영역으로 인도하는 광대한 길이다. 사트구루는 말한다.

광대한 빛의 바다에서 움직이라.
그대의 가슴 안에서, 그대의 완전함 안에서

가고 또 가서, 인간의 자취가 없는 곳까지 가라.

빛은 한계가 없나니.

 그의 길은 지옥과 천국의 길도, 수고와 슬픔의 길도 아닌 '천상의 빛과 영혼을 휘젓는 신의 선율이 흩뿌려진' 꽃길이며, 무엇보다 스승은 확실한 친구요 틀림없는 안내자로서 온전한 광채와 영광을 띠고 와서 순례하는 영혼과 함께 웅대한 초월계를 여행하고, 영혼이 진보해 나감에 따라 영의 삶을 가르치며, 그 길의 아름다움과 신비로움을 설명하고, 곳곳에 위치한 매우 심한 굽이들에 대해 경고해 주며 함정에 빠지지 않도록 보호해 준다.

 제자는 입문을 받는 순간부터 육신에서 의식을 철수하고 육체 의식을 초월하여 높은 영역으로 들어가는 방법을 배운다. 내면의 인간은 버터에 빠진 머리카락을 건져 올리듯, 조악한 육신의 껍질에서 자신을 거두어들여야 한다. 신 플라톤 학파의 용어를 빌리자면, '빛나는 몸'의 내면에 존재하는 영혼이 참 자아를 발견하기 위해 상승해야 하기 때문이다. 만두기야 우파니샤드는 말한다.

눈으로도, 말로도, 각종 신들(감각들)로도, 고행으로도,
종교 관례와 의식으로도 이해하지 못하나,
고요한 지혜로서 순수한 본질은
명상 안에서 완전한 존재를 볼 수 있도다.

서구 학자들도 말한다.

참 행복은 감각의 길을 통해서는 오지 않는 법이다.
끝없는 즐거움은 오직 감각을 초월하고
순수한 존재를 향해 다가오는 장엄한 광경을
보는 방법을 알게 될 때에만 우리 것이 될 수 있다.

성스러운 지혜란 한마디로 말해 영혼의 과학이요 예술이며,
오직 양쪽 모두에 정통한 신을 깨달은 성인만이 '삶 속에서의
죽음'을 직접 체험케 해주고, 따라서 의심의 그림자를 초월하여
실증해 보임으로써 삶과 죽음의 수수께끼를 풀어줄 수 있다.

생명은 순결한 불길이요. 우리는 내면의 보이지 않는 태양으로 살아가노라.

삶과 죽음이 빛과 무슨 상관인가? 내 빛을 따라서, 나는 너희를 만들었도다. 삶과 죽음의 상대성은 우주의 꿈이니라. 꿈꾸지 않는 존재를 바라보라.

창조는 빛이요 그림자이니, 그렇지 않으면 어떤 그림도 불가하리라.

어둠이 밝아지고 공空이 열매가 되는 것은 오직 너희가 무無를 이해할 때라. 너희는 오직 변형산에서만 계시를 받고 하늘과 땅이 어우러짐을 보리라.

완전한 실재에게 경배하는 일은 삶에서 가장 위대한 교육이며, 오직 완전한 사람만이 자신의 생명 에너지를 전해줌으로써 영혼을 마음과 물질의 속박에서 해방시키고 장엄한 진리를 바라보게 해줄 수 있다. 단 한번의 명상으로 적든 크든 내면의 눈을 열어 하늘의 거룩한 빛을 조금이나마 보게 해주고 천상의 음악을 듣도록 내면의 귀를 뚫어줄 이만이 완전한 성인이요, 참된 구루라 불릴 수 있다. 샹카라는 바로 그러한 이에 대해 말했다.

3계의 어떤 것도 참 구루에 견줄 수 없도다. 현자의 돌*이 정말로 쇠를 황금으로 바꿀 수 있다고 해도, 쇠붙이를 또 다른 현자의 돌로 만들지는 못하노라. 반면에 존경스러운 스승은 자신에게 의지하는 제자를 자신과 똑같이 만드노라. 참 구루는 그러므로 견줄 바 없는 존재, 아니 초월적 존재라.

구루 아르잔은 자신의 스승 구루 람 다스를 가리켜 이렇게 말했다.

"온 브라만드를 찾아보았어도, 내 스승과 견줄 이는 찾지 못했도다."

• 현자의 돌: 중세의 연금술사들이 물질을 황금으로 바꿀 수 있는 재료가 있다고 믿고 거기에 붙인 명칭. '철학자의 돌'이라고도 한다. -역주

그리고 마지막에 말했다.

"하리(신)께서 '람 다스'의 이름을 빌어 스스로 오신 것 같구나."

일상을 살아가면서 우리 모두는 매우 바빠서, 진실로 너무나 바쁜 나머지 신을 생각하지 못하고, 살아 있는 신을 느끼는 일은 더더욱 하지 못하며, 신 안에서 살아가지 못하는 것은 말할 나위도 없다. 잠시나마 어려운 순간 신에 대해 말하고 예배하고 기도하지만, 그를 만나거나 자신을 위해서 그에게 가는 것이 아니라, 단지 시험과 고난에서 벗어나고 곤경에서 쉽게 빠져 나오게 해달라고 그에게 부탁하기 위해서 그렇게 한다.

또한 가끔 신에 대해 진지해질 때면 우리는 주변의 외부 세상에서, 이를테면 눈 덮인 산속의 동굴에서, 타오르는 사막에서, 성스러운 연못과 강물 깊은 곳에서 찾으려 애쓰며, 떠오르는 태양이나 드넓은 창공이나 천둥치는 구름이나, 샛별과 개밥바라기와 같은 자연의 힘에서, 또한 심지어는 나무 구멍에서, 바닷속 물고기에서, 공중의 가금류에서 그를 찾으려 한다. 모든 노력으로도 그를 찾지 못하는 것도 놀라운 일이 아니리라.

신은 친히 선언했다.

"나는 너무 거대하여 온 세계로도 나를 잡을 수 없고, 천국도 나를 올바로 영접할 수 없으며, 땅도 내가 앉을 자리를 줄 수 없노라. 허나 이상한 말처럼 들릴지 모르나, 나는 거룩한 이의 가슴에 거하노라. 나를 찾고자 한다면, 그에게서 나를 찾으라. 그리하면 되리라."

카비르도 말한다.

진리가 없는 곳에서 어찌 진리를 찾을 수 있겠는가?
진리가 거하는 곳에서 그를 찾으라.
진리를 아는 이를 붙잡으라,
그가 너를 신에게 서둘러 데려가리라.

이것이 바로 자기 깨달음의 길이다. 보기에는 복잡하고 길게 보이는 이 과정은 완전한 스승(산트 사트구루)의 은총으로 단순해진다. 그는 마법의 지팡이를 주고 '열려라 참깨'의 주문을 알려주며, 다가갈 수 없는 곳으로 다가가도록 해준다.

사트 로크를 초월하는 이,
그는 깨달을 수 없고 설명할 수 없는 이를 아노라.
성인들은 이름 없는 곳에 거하며
종 나낙은 그에게서 평화를 얻노라.

그러므로 만일 누군가 사는 동안 죽는 법을 배우고 뜻대로 죽음을 이루는 법을 배울 수 있다면, 끝없이 반복되는 윤회의 굴레에서 자유로워져 영생을 얻을 것이다. 그렇기 때문에 성인들은 이러한 죽음에 대해 극찬하고, 다양한 차원을 초월하는 방법을 알려주며, 초월계로 들어가서 지금은 잃어버렸으나 타고난 권리인 신의 왕국을 얻는 방법을 우리에게 가르쳐준다. 단지 우리는 그들에게 귀기울이고, 가르침을 수용하고, 기꺼이 순종하면서 부지런히 그들을 따르기만 하면 그곳에 이를 수 있다.

사후에 우리들 각자는 아무것도 없이 무기력한 상태로 앞이 안 보이는 채 가야만 한다. 모든 세상의 경전들은 한편에서는 삶에서 죽음으로, 다른 편에서는 죽음에서 삶으로 이어지는 경계선을 건너가는 것을 귀하다 말한다.

　　사후에 가야 할 곳,
　　어찌하여 이생에 그 발판을 마련하지 않는가?

- 스리 라그 M. 1

　　오, 나낙아! 시간이 있을 때 죽는 법을 배우라.
　　참으로 이것만이 참된 요가라.

- 수히 M. 1

너는 죽어서 세상에 대해 죽은 채로 머물라.
이러한 죽음을 나는 하루에도 수없이 경험하노라.

-카비르

스승의 은총으로 마음을 넘어설 수 있나니

마음을 정복하면 반드시 주를 만나리라.

- 카비르

사는 동안 죽어 두려움 없는 자유를 이루라.
곁에 권한 있는 스승이 있으니 후회할 것 없으리.

- 카비르

사망에 붙잡히기 전에 죽는 법을 배우기만 한다면
풍성한 결실을 맺으리라.

- 불레 샤

샤브드, 곧 영원한 생명의 흐름만이 이 길에서 유일한 도움이 되
나니
샤브드 안에서 우리는 죽고 (몰입하고), 샤브드 안에서 죽음을 겁
내지 않고 영생하노라.
이는 귀한 영혼이 신의 은총으로 얻을 수 있는 참 생명수라.

- 소라드 M. 3

스승은 무엇을 주는가? 그는 우주의 생명이요, 만인의 거처
인 영원한 소리를 듣게 해준다. 우리는 이 들리는 생명의 흐름
에 올라타서 살아 있는 동안 뜻대로 다양한 차원으로 올라가
고, 원할 때 물질 세계로 내려올 수 있다.

샤브드의 도움이 없다면, 진흙 거푸집에서 벗어나지 못하리니.
이외에는 다른 어떤 방법이 없노라.

– 소아미 지

구원, 다시 말해 영생은 세상의 눈으로 보기에 아무리 정의
롭고 훌륭한 행위를 한다 해도 그 자체로써 얻을 수 있는 것이
아니다. 이것은 오직 그 안에 가득한 신의 권능으로 일하는 신
인을 통해 주어지는 은총의 선물이다.

"너희가 그 은혜를 인하여 구원을 얻었나니… 이것이 너희에게서
난 것이 아니요, 하느님의 선물이라. 행위에서 난 것이 아니니 이
는 누구든지 자랑치 못하게 함이니라."

– 에베소서 2장 8, 9절

"우리를 구원하시되 우리의 행한 바 의로운 행위로 말미암지 아니하고 오직 그의 긍휼하심을 좇아 중생의 씻음과 성령의 새롭게 하심으로 하셨나니."

– 디도서 3장 5절

"다른 이로서는 구원을 얻을 수 없나니 천하 인간에 구원을 얻을 만한 다른 이름을 우리에게 주신 일이 없음이니라 하였더라."

– 사도행전 4장 12절

"모든 사람에게 구원을 주시는 하느님의 은혜가 나타나셨노라."

– 디도서 2장 11절

그리고 그의 은총은 신이 존재하고 그의 피조물이 지상에 계속 나타나는 한 끊임없이 나타날 것이다.

그러므로 이것이, 생명의 근원 안에 살면서 성스러운 말씀과 신의 의지(후캄Hukam)와 늘 교감하는 영생의 길이다. 우리가 아무리 다른 길을 찾으려 애써도 이 길 이외의 다른 길은 존재하지 않는다. 그러나 내면의 활동하는 생명줄, 즉 성스러운 빛과 신의 음성을 통해 신의 길을 드러냄은 오직 '아버지께서 모든 것을 전해준' 말씀이 육화한 성인인 신인의 은총이 있어야만 가능하다. 그에 대해 다음과 같이 기록되어 있다.

"내 아버지께서 모든 것을 내게 주셨으니 아버지 외에는 아들을 아는 자가 없고 아들과 또 아들의 소원대로 계시를 받는 자 외에는 아버지를 아는 자가 없느니라."

- 마태복음 11장 27절

다시 또 다시, 위대한 영혼은 우리의 진정한 고향을 상기시키려고 지상에 내려온다. 그들은 분명한 소리로 이 세상이 우리의 진짜 고향이 아니라고 말한다. 우리는 단지 대상大商들이 쉬어가는 곳에 객으로서 잠시 머물 뿐이고, 그러므로 떠날 준비를 해야만 하며, 빨리 준비할수록 더 좋다. 따라서 우리는 하늘 나라를 얻으려 애쓰고 영생을 구하지 않으면 안 된다.

"나라가 하늘에 임하듯 땅에도 임하게 하소서."

이 나라에 대해서는 이렇게 언급되어 있다.

"하느님의 나라는 볼 수 있게 임하는 것이 아니요, 또 여기 있다 저기 있다고도 못하리니 하느님의 나라는 너희 안에 있느니라."

또한,

"너희 몸은 너희가 하느님께로부터 받은 바 너희 안에 계신 성령의 전인 줄을 알지 못하느냐. 너희는 너희의 것이 아니라."

이런 까닭에 모든 현자들과 현인들은 권고한다.
그대가 종국에 떠나야 할 곳이 그대를 단단히 붙잡았으니
영원히 거할 거처는 아는 바 없구나.

- 나 낙

영혼아, 아르쉬(하늘)가 네 참 거처라.
딱하구나, 진흙 거푸집에 갇혀 있으니.

- 샤마즈 타브레즈

주여, 당신은 고향에 거하시는데
저는 땅에서 기어다니나이다.

– 나 낙

그대 거처는 땅이 아닌 곳인데
어찌하여 이 땅에 집착하는가?

– 소아미 지

인생은 수증기이니
어찌하여 영원한 말씀과 교류하지 아니하는가?

– 카비르

말씀과 교류한 자, 그들의 고난은 끝나리라.
또한 그들의 얼굴이 영광으로 빛나리니,
구원을 얻을 뿐 아니라
오, 나낙아! 수많은 사람이 그들과 함께 자유로우리라.

– 나 낙

부 록

산트 마트

저자 산트 키르팔 싱 지

산트 타카르 싱 지

현 스승 산트 발지트 싱 지

산트 마트

Sant Mat

산트 마트는 내면의 빛과 소리 명상, 윤리적인 삶, 타인을 위한 봉사, 그리고 모든 창조물에 대한 사랑을 토대로 한 실천적 영성의 길입니다.

모든 인간의 본질은 영혼입니다. 산트 마트는 사랑을 기반으로 한 영혼과 신과의 관계가 주제입니다. 이러한 관계는 영적 스승을 통해 이루어지고, 인도 받으며, 유지됩니다. 인생의 궁극적 목적은 영혼이 신과 하나가 되는 것이며 그렇게 될 때까지 우리는 명상을 통해 이 내면의 관계를 심화해 나가야 합니다.

우리는 인간으로서 내면의 빛과 소리 명상을 통해 깨달음에 이르는 진화 과정을 체험할 수 있는 황금같은 기회를 얻었습니다. 우리는 자신이 영혼임을 반드시 알아야 합니다.

영적 스승

사람에게는 영적 문제를 지속적으로 도와주고, 이끌어주고, 우리의 영혼을 빛나는 신성(지고의 신)과 연결될 수 있도록 일깨워줄, 살아 있는 스승이라는 존재가 항상 필요합니다.

스승은 영적으로 가장 높은 곳에 도달한 존재로 다른 사람들도 이 같은 인생의 목적을 이룰 수 있도록 돕습니다. 스승은 인간 안에 있는 영혼이 얼마나 위대한지, 그리고 이를 깨닫는 것이 얼마나 중요한지를 알려주기 위해 쉼 없이 일하며 필요하다면 어디든 달려갑니다.

스승의 봉사와 가르침은 무료로 제공됩니다.

명상

내면의 빛과 소리는 신께서 현현된 근원적 형태입니다. 이 성스러운 두 가지 발현은 모든 사람의 내면에 깃들어 있습니다.

윤리적 삶

비폭력, 정직, 겸손, 그리고 모든 창조물을 향한 사랑은 윤리적 삶의 일부이며 여기에는 채식이 포함됩니다. 담배, 술, 마약 등 정신을 어지럽게 만드는 물질들은 의식을 떨어뜨리고 몸과 마음을 해롭게 하므로 산트 마트의 길을 따르고자 하는 사람이라면 이러한 것은 피해야 합니다.

윤리적인 삶에는 자기 생계를 정직하게 꾸려가기, 단순하고 건강하게 살아가기, 다른 이들을 돌보기, 그리고 모든 사람들을 존중하기 등 다양한 덕목들이 있습니다.

무아의 봉사

무아의 봉사는 산트 마트의 길을 가는 데 필요한 기본 요건 중 하나입니다. 대가나 보상을 바라지 않고 존경과 겸손으로 타인에게 봉사하는 것은 산트 마트의 길을 가는 첫 단계이기 때문입니다. 이 길을 따르는 사람들은 세계 각국에서 조직을 두고 자선활동을 지원하고 있습니다. 또한, 많은 지역에서 산트 마트에 대한 새로운 소식을 듣고 서로 만날 수 있도록 명상 센터를 운영하고 있습니다. 이러한 모든 가르침과 지원은 자원 봉사자들에 의해 무료로 제공됩니다.

저자 산트 키르팔 싱 지

Sant Kirpal Singh Ji

산트 키르팔 싱 지는 1894년 2월 6일 편잡(현재 파키스탄령) 지역에서 태어났습니다. 그는 어린 시절부터 영성에 깊은 관심을 보였습니다. 그는 위대한 스승 바바 사완 싱 지에게 입문하여 자신의 삶을 자아 실현과 신을 깨닫는 데 헌신했습니다.

산트 키르팔 싱 지는 일찍 결혼하여 세 명의 자녀를 두었고 인도 정부의 공무원으로 일하면서 가족을 돌보았습니다. 그는 인도 출신으로 오를 수 있는 최고 위치에 이를 만큼 유능하였으며 함께 일하는 사람들 모두에게 사랑을 받았습니다.

그는 24년간(1924년부터 1948년까지) 사랑하는 스승인 바바 사완 싱 지 곁에 머물면서 내면의 신비로운 영역 깊은 곳을 탐구했습니다. 바바 사완 싱 지는 키르팔 싱을 가장 뛰어난 제자로 칭하곤 했으며 1939년에는 자신을 대신해서 입문을 진행하라고 청했는데 그 당시까지는 전례가 없던 영예로운 일이었습니다. 1930년대와 1940년대, 키르팔 싱 지는 스승의 지시에 따라 자주 사트상을 진행했습니다. 1947년, 키르팔 싱 지는 직장에서 은퇴하여 타인에게 봉사하는 일에만 온전히 헌신했습니다.

그 다음해에 키르팔 싱 지는 내면의 영혼의 과학을 사람들에게 전하기 위해 루하니 사트상을 설립하겠다는 계획을 세웠고 바바 사완 싱 지는 이를 승인했습니다. 그리고 얼마 지나지 않아 바바 사완 싱 지는 육신의 옷을 벗었고 산트 키르팔 싱 지가 후계자가 되었습니다. 1951년 산트 키르팔 싱 지는 델리에 헌신자들이 명상과 봉사와 사트상을 위해 모일 수 있는 사완 아쉬람을 세웠습니다. 그는 이후에 수많은 마나브 켄드라, 즉 "참인간 만들기 센터"를 설립하여 사람들이 사랑으로 타인에게 봉사하고 신께 헌신하면서 영성을 계발하고 기를 수 있도록 했습니다. 그는 일생 동안 수많은 책을 집필하였으며 오늘날에도 이 책들은 학술적인 가치를 인정받고 있습니다. 그는 1955년, 1963~1964년, 1972년 세 차례에 걸쳐 전 세계 순회 강연을 하였고 유럽과 북미, 남미에 평화와 희망의 메시지를 전파했습니다.

산트 키르팔 싱 지는 세계 평화를 위해 지칠 줄 모르고 노력을 쏟아 부은 것으로도 잘 알려져 있습니다. 그는 1965년에 유네스코(UNESCO: 국제연합교육과학문화기구) 개막 연설자로 초대받아 "핵 시대의 세계 평화"라는 연설을 하였는데 이것은 세계 평화를 위한 청사진이 되었습니다. 그는 1957년 세계종교회의를 설립하여 14년간 의장으로 봉사했으며, 서로 다른 문화간의 이해를 도운 공로를 인정받아 몇 차례 명예상을 받았습니다.

산트 키르팔 싱 지는 1974년 8월 21일에 세상을 떠났습니다. 그는 일생 동안 동서양 수백만 명의 사람들을 영적 길로 인도했습니다. 그는 처음으로 산트 마트를 서양 사람들에게 널리 알린 스승이었습니다. 그의 가르침의 핵심은 우리 모두가 순수 의식 이라는 대양의 물 한 방울이며 신 안에서 형제 자매라는 것입니다. 그는 신께서는 사랑이시며 신께 되돌아 가는 길 역시 사랑 이라고 가르쳤습니다. 산트 키르팔 싱 지를 아는 사람들은 그의 위대한 사랑과 연민과 겸손함을 기억하고 있습니다.

산트 타카르 싱 지

Sant Thakar Singh Ji

산트 타카르 싱 지는 1929년 3월 26일 북인도의 칼라라는 작은 시골 마을에서 태어났습니다. 그의 부모는 신께 헌신적이고 소박하면서도 순수하게 살았습니다. 사랑 가득하고 평화로운 환경에서 어린 산트 타카르 싱 지는 신과 신비주의적인 삶에 대한 이야기를 들으면서 자랐습니다. 12세 무렵이 되자 찬가와 기도문으로 된 시크교의 근본 경전인 아디 그란트에 정통하게 되었습니다. 부친이 일찍이 세상을 떠나 매우 힘겨운 일을 하면서 어머니를 부양하며 학업을 이어가기도 했습니다. 그리고 1951년에는 대학에서 우수한 성적으로 토목공학 학위를 취

득하였고 수도국에서 기술자로 일하기 시작했습니다. 1952년에 그는 모힌다 카우르와 혼례를 올렸습니다.

1955년에서 1965년은 신과 연결되어 깨달음에 이르기를 갈망하던 산트 타카르 싱 지에게 치열한 영적 구도의 시간이었습니다. 그는 드디어 1965년 11월 25일 산트 키르팔 싱 지에게 산트 마트와 내면의 빛과 소리 명상에 입문하면서 그토록 구하고자 했던 것을 찾게 되었습니다. 산트 타카르 싱 지는 다른 이들에게 그 사실을 알리기에 앞서 새로이 찾은 영적 길에 3개월간 전념하면서 스스로 철저히 검증해 보았습니다. 그리고 결과에 매우 만족한 그는 스승인 산트 키르팔 싱 지의 가르침을 따르고 그 길을 다른 사람들과 나누는 데 진정 자신의 삶을 헌신했습니다.

1968년, 그는 산트 키르팔 싱 지의 요청에 따라 영적 강연을 하기 시작했습니다. 1969년에는 직장에서 4개월간 휴가를 내어 스승의 아쉬람에 머물렀습니다. 1974년 8월 초가 되자 산트 키르팔 싱 지는 산트 타카르 싱 지에게 명상에 더욱 헌신하라고 명했고, 산트 타카르 싱 지는 곧바로 직장에서 장기 휴가를 다시 냈습니다. 그리고 얼마 지나지 않아 1974년 8월 21일에 산트 키르팔 싱 지가 육신을 떠났습니다. 이후 산트 타카르 싱은 1974년 8월 말부터 1975년 11월까지 15개월 동안 집중 명상에 들어갔습니다. 그리고 1976년에 그는 직장에서 은퇴하고 영적 과업에 완전히 헌신했습니다.

1976년 2월 6일(산트 키르팔 싱 지의 탄신일)에 산트 타카르 싱 지는 산트 키르팔 싱 지의 후계자로 일하기 시작했습니다. 그의 사명은 모든 이의 내면에 신께서 거하신다는 사실과 각 영혼들이 모든 생명의 근원인 내면의 빛과 소리에 연결됨으로써 실제로 유익을 얻을 수 있다는 메시지를 온 인류에게 전하는 것이었습니다. 산트 타카르 싱 지는 이러한 사랑과 희망의 길을 전하고 수백만의 사람들에게 생명의 영원한 근원과 연결되도록 도우면서 정기적으로 세계를 순회했습니다.

소박한 삶을 살면서 아무런 대가 없이 다른 이들을 도왔던 그는, 단순하면서도 정직한 노동과 사랑으로 봉사하는 윤리적 삶을 살라고 권고했습니다. 그를 만났던 사람들은 그가 진정 겸손하고 소박하며 모든 이를 사랑하는 데 깊은 감동을 받았습니다.

2005년 2월 6일, 인도 핌팔너에서 산트 타카르 싱 지는 스승인 산트 키르팔 싱 지의 탄신 기념일을 축하하기 위해 모인 백오십만 명의 사람들 앞에서 산트 발지트 싱을 후계자로 소개하였습니다. 한달 후인 2005년 3월 6일에 산트 타카르 싱 지는 이 물질 세상의 차원을 떠나 신과의 영원한 합일을 이루었습니다. 그리고 그가 모든 인류를 위해 바쳤던 사랑의 미션은 산트 발지트 싱이 인도를 받아 훌륭하게 이어져 오고 있습니다.

현 스승 산트 발지트 싱 지

Sant Baljit Singh Ji

산트 발지트 싱 스승은 1962년 북인도의 영적이고 헌신적인 가정에서 태어났습니다. 그는 어린 시절부터 부친께서 다른 이들에게 바가바드 기타(신들을 향한 사랑을 노래한 고대 인도의 경전)를 낭송해 주시는 광경을 보면서 영감을 받아 삶의 심오한 의미를 탐구하기 시작하였습니다. 학창 시절의 어느 날 그는 학교에서 "신은 사랑이다"라는 문구를 문득 보게 되면서 품고 있던 영적 탐구의 열망에 불을 지피게 되었고, 학교를 졸업한 이후 인도 해군함대와 상선함대의 기술 장교로 복무하면서도 영적 탐구를 계속하였습니다. 그는 삶의 목적을 깨닫고자 하는 사람들과 교류하였고, 영적인 길을 가는 데 도와줄 누군가를 만나기 위해 수많은 아쉬람과 사원을 찾아 다녔으며, 그렇게 삶의 진정한 의미를 발견하려는 노력은 날이 갈수록 깊어졌습니다.

그러던 1998년 어느 날 그는 고대로부터 전해져 오는 내면의 빛과 소리 명상을 가르치는 산트 마트의 스승인 산트 타카르 싱 스승님을 만나게 되었고, 이 만남으로 기나긴 영적 탐구의 여정이 마침내 끝을 맺었습니다. 그는 산트 마트의 선대 스승인 산트 키르팔 싱 스승의 추모일 전날에 인도 하리야나 주에 있는 찬디가르 외곽의 사케트리 아쉬람에서 산트 타카르 싱 스승에게 입문을 받았습니다.

이후 그는 산트 타카르 싱 스승을 다시 만나게 되었는데 산트 타카르 싱 스승은 그에게 명상에 더욱 집중하고 세속적인 활동을 줄이라고 명하였습니다. 그는 스승의 지침에 따라 몇 년간을 헌신적으로 명상에 집중해 나갔습니다. 그런 중에도 그는 불우한 사람들에게 봉사해야 한다는 신념으로 손길이 필요한 이들에게 도움을 주었습니다.

2005년 2월 인도 마하라쉬트라 주의 핌팰너에서 산트 키르팔 싱 스승의 탄신일을 기념하는 행사가 열렸습니다. 산트 타카르 싱 스승은 그 자리에 모인 백오십만 명의 사람들 앞에서 중대한 발표를 하였는데, 바로 산트 발지트 싱을 당신의 후계자로 소개한 것입니다. 이로써 산트 발지트 싱 스승은 바바 자이말 싱(1838~1903), 바바 사완 싱(1858~1948), 산트 키르팔 싱(1894~1974), 산트 타카르 싱(1929~2005)에 이어 산트 마트의 영적 스승이 되었습니다.

산트 발지트 싱 스승의 목표는 모든 인류가 생명의 길인 산트 마트를 통해 자신이 영혼임을 깨닫게 하는 것입니다.

이 수행은 모든 전통적 신비주의자들이 언급했던 삶의 목적, 그 진정한 목적을 성취하도록 영적 길을 가는 데 필요한 삶의 양식들을 가르칩니다.

산트 발지트 싱 스승은 인류에게 고통은 줄여주고 평화와 조화, 행복을 주고자 애씁니다. 그의 가르침은 인류와 모든 창조물에 대한 봉사, 모두에 대한 연민과 보살핌, 다양함 속에서의 하나됨, 자연에 순응하는 생활방식, 윤리적 삶, 내면의 빛과 소리 명상을 토대로 합니다.

산트 발지트 싱 스승은 우리 모두가 신께서 창조하신 거대한 가족의 일원이므로 인간 혼의 위대함을 깨닫기를 바라면서 쉬지 않고 일하며 필요하다면 어디든 찾아갑니다.